人は「話し方」で9割変わる

福田《ふくだ》　健《たけし》

コスミック・[illegible]

※この作品は二〇〇六年に経済界から刊行された
同名の書籍を加筆・修正し、再編集したものです。

はじめに

「話が変わればあなたが変わる」――このひと言は当然、「会話」にもあてはまる。会話にはその人が現われて、会話の仕方が変わればその人も変わるのである。

最近は、会話を苦手とする人が増えていると聞く。

- ●初対面の人と会って話すのが面倒で、つい避けてしまう↓60頁参照
- ●顧客や上司など、立場・年齢の違う人と会話をしても、何を話してよいかわからず、すぐ話がとぎれてしまう↓77頁参照
- ●身近な人とよく言い争いになり、わかってもらえないことが多い↓97頁参照
- ●相手から何か言われたとき、うまく言い返せないで、座がシラケる↓104頁参照
- ●自分では話をよく聞いているつもりなのに、「つまらなそうな顔をして聞いて

いる」と、知人・友人に言われる ↓ 144頁参照

などの声は、わたしのまわりでも、時折耳にする。ここには、会話をしても、うまくいかない、あるいはうまくいかないのではないかとの、マイナスの思いがつきまとっている。そして、その原因は、会話というものを、「だれとでも気軽に、面白おかしく、気の利いたことが言えること」として捉えるところにある。

初対面の人と話すのはだれだって気が重いものだ。見ず知らずの人に声をかけるのは勇気のいることでもある。でも、思い切って声をかけてみると、案外、楽しい人だったりすることもある。もちろん、イヤな顔をされる場合もある。そうした経験を積んでいくうちに、「人とは話してみるものだ」と、会話の楽しさを実感できるようになる。

私の周囲にも、初めは人見知りが強く会話嫌いだったのに、いまではすすんで人に会い、会話を楽しんでいる者がたくさんいる。会話が変わり、自分が変わっ

たのである。

　会話はキャッチボールだから、半分は、いやそれ以上に「聞く」ことが大切になる。会話が下手な人の多くは、聞くのが下手である。自分では聞いているようでも、ちゃんと聞いていなかったり、気の利いたことを言おうと焦って、聞くのがお留守になったりしていないだろうか。

　自分のことにとらわれていたり、思い込みが強かったりすると、人の話は聞けなくなる。若い男性や女性の中に、何か言われるとすぐ身構えたり、被害者意識を強く持ったりする人を見かける。その結果、言い争いになるか、自分の内に閉じ込もったりしてしまう。かく言うわたしも、人と言い争って、自分の頑固さを思い知らされることがある。

　思い込みや先入観にとらわれていたら、話は聞けなくなる。頭と心――とりわけ心をやわらかくして、人の話をその通り聞きとる力を磨く。そうすることで、相手に応じた、臨機応変な会話ができるようになる。〝自分の知らない自分〟を発見できたりする。さらに、他人は自分にないものを持っているということも、聞くことでわかってくるのだ。

聞く力が伸びれば会話上手への道も開ける。そのためには、心のやわらかさを保つ必要がある。人の話をよく聞く会話上手の人は、やわらかな心の持ち主なのである。あなたが会話上手になるということは、心のやわらかな人の仲間入りができるということだ。会話が変わればあなたが変わるからだ。

会話は日々の人間の営みである。気づきもヒントも、実は毎日の生活の中にある。身近な日常の具体例をたくさん盛り込んだのも、そこに理由がある。楽しく読んでいただければ幸いである。

文庫化にあたってひと言

——学校では教えてくれない話し方・聞き方

話し方・聞き方に関しては、学校でも教えてくれないので、多くの人が自己流のままですませていて、これでよいと思っている。

一方、パソコンやスマートフォンの普及によって、対面しないで、コミュニケーションが可能な時代となり、人と会って話す能力・技術は低下する傾向にある。今日、話し方・聞き方の技術がますます必要とされる理由がここにある。

本書は話し方・聞き方の基本から、相手や状況に応じた具体的な方法、心得までを一通り解説した本である。この一冊を読み、マスターすれば、あなたの話し方は間違いなくアップし、人間関係も改善される。

毎日の生活で、相手は思い通りになってくれないものである。そのことを踏まえて、相手と向き合い、どう話し、どう聞いていけばよいかを、本書は身近な事例を交えて説いている。

相手にわかってほしいと求めるのではなく、自《みずか》らの話す技術を伸ばす。すなわち、あなたが変われば、相手も変わるのである。

このたび文庫化されるにあたって、より多くの人に読まれ、お役に立つことができればと願うしだいである。

福田《ふくだ》　健《たけし》

人は「話し方」で9割変わる・目次

第1章

話し方次第で、人生は変わる

▼人の心が読めれば臨機応変に対応できる

第2章

初対面で心をつかむ話し方

▼言葉だけでなく表情・動作も大事な要素

第3章
身近な人と〝いい関係〟を保つ話し方
▼さり気ない言葉・他愛のない話の効用

第4章

「話す力」は「聞く技術」で磨かれる

▼聞きながら相手をリードする方法

第5章

「話し方で9割変わる」具体例

▼仕事・恋愛・人間関係にスグ効く

編集協力／もみじ社

第1章

話し方次第で、人生は変わる

▼人の心が読めれば臨機応変に対応できる

楽しい人生は「上手な会話」から始まる

スピーチは苦手だけど、おしゃべりは得意。

このように思う人は、

●スピーチは難しい……だから苦手

●おしゃべりは簡単……したがって得意

と思い込んでいないだろうか。おしゃべりなら簡単にできると思い込んでいる人は、〝相手かまわず、好き勝手にしゃべる〟のがおしゃべりと、勘違いしているのだ。

一見、勝手にしゃべっているようでも、会話上手な人のおしゃべりは、

●話す・聞くのバランスがとれている

●話題がうまくかみ合っている

●話が停滞せず、変化・発展していく

◉会話とスピーチの違い

	会　話	スピーチ
対象	一対少人数	一対多人数
場	くつろいだ場	改まった場
構成	その場対応	事前準備
進行	流動性	一貫性
内容	個別的	原則的
気持ち	ホンネ	タテマエ

などの特徴を備えている。けっして簡単ではない。

会話もスピーチも、相手を無視して一方的に話せば、コミュニケーションとしての成立を欠いてしまう。

ただ、会話は、話す相手が一人（または少人数）であるのに、スピーチは多人数である。この点から、話の仕方や特徴に相違が生じる。これを簡単に示せば、上の表のとおりである。

大勢の前でスピーチをすると堂々としゃべる人が、会話となると精彩を欠いたり、会話では楽しく生き生きとしゃべっているのにスピーチでは話がとぎれ、しどろもどろになる人がいるのは、それぞれに要求されるものが違うからであろう。

さて、あなたは、

●スピーチは苦手、会話はまあまあ
●会話は苦手、スピーチはまあまあ
●会話もスピーチも苦手

のどれに該当するだろうか。もう一つ、

●会話もスピーチも得意

という項目もあるが、これにマルをする人は要注意である。自己満足だったり、一方的なおしゃべりの危険を多分に含んでいるからだ。

イギリスの劇作家で、皮肉屋のバーナード・ショーは、次のように言っている。

——彼女には手を焼くよ。なぜって、会話の能力はないのに、おしゃべりの力はあるんだからね——

会話は筋書きのないドラマ

久しぶりに、知人に会う。懐《なつ》かしくもあり、どんな話が出るか、楽しみである。

そんな矢先、先方から、

「お会いできるのを楽しみにしています。積もる話もたくさんあるし、お聞かせしたいこともいっぱいあります」

などと、メールが入る。

さて当日。こちらも、二、三話題を思い浮かべてその場にのぞむ。

こんな場合、お互いに、用意した話題の半分も話せばいいほうであろう。会って話し始めると、相手から予想外の話が飛び出したり、こちらの話題も相手の予定外だったりして、事前に描いた話の筋書どおりには、なかなか進まない。

会話は思いがけない方向に動き出し、しばらくすると、突然また話題が変わる。

実は、この「思いがけなさ」が、会話の特徴であって、筋書きどおりにことが運ばないところに、会話の面白さがあるといってよい。

機械は、操作手順がマニュアルで定められている。マニュアルに従ってさえいれば、予定どおり進行するのが機械の操作である。

この便利なマニュアルを、人との応対にも応用しようとしたのが、「接客マニュアル」である。接客場面から共通要素を抽出して、応対手順を標準化したものである。

よくできたマニュアルでも、人との応対のすべてをカバーできるわけではない。それにマニュアルに忠実な応対をされると、その時、その場の生き生きとしたライブ感覚が消えて、機械的になり、温かみがうすれる。

そこで、マニュアルだけに頼るのでなく、その時々の状況に対応して話ができる「会話」が必要になるのである。

あるとき、駅構内にある、ハンバーガーショップに入った。

若い女性の店員が元気のよい声で、

「いらっしゃいませ、こんにちは！」

を連発している。やってくるどの客にもまったく同じ口調で、

「いらっしゃいませ、こんにちは！」

食べ終わって店を出ていくお客様には、

「行ってらっしゃいませ！」

と、これまた、だれに対しても例外なく、大声を発するのである。これではおそらく、どのお客様も、自分が個人として扱われたとは感じないだろう。

暑い日、汗をふきながら入ってきたお客様には、

「暑いですね」

のひと言のほうが、心に響くのではなかろうか。その気になれば、だれでも発することのできるひと言だが、マニュアルに頼っていると、出てこないのである。

マニュアルが危険なのは、〝いま、ここ〟という生きた現実に心が働かなくなり、決まりきった応対になってしまう点である。

人々がマニュアルに依存すればするほど、コミュニケーションのやりとりは人間らしさを失う。マニュアルがはびこる昨今、その欠陥を補う意味でも、会話の

持つ特徴を把握し、会話の役割を見直す必要があろう。

この三点が「会話上手」への第一歩

(1)新鮮で相手に合う話題を選ぶ

会話は、その時、その場に応じた相手とのやりとりだから、話題は第一に、新しいものがよい。同じ話を何度も持ち出して、

「その話、前にも聞いたよ」

などと言われる人がいる。

カラオケなら、持ち歌があって、いつも同じでも、〝十八番《おはこ》〟で歓迎される。会話の話題は、歌や落語の出しものとは違う。いつも同じでは、あきられる。

第二に、相手に合う話題。職場で後輩にうけたジョークを自宅で妻に話したが反応がない……。同じ話でも相手に合わない場合、効果はあがらないのだ。

(2)相手や場の状況を読みとる

うまく読みとれればよいが、「早合点」「思い込み」「経験不足」「余裕のなさ」「好悪の感情」などに影響されて、間違えることがある。

読み違えると、

- 会話がとぎれる
- 気まずい雰囲気になる
- 相手が怒り出す

などのマイナス状況に陥《おちい》ることもあるが、どちらかが思わず笑い出して、プラスに転ずることもある。間違いと気づいた瞬間に、とりつくろわずに、「あ、いけない」と、頭の一つもかいてみせる明るささがあれば、気まずさも救われる。

あやうくピンチを脱したA君の話。

取引先の女性担当者は、体格がどっしりしていて、落ち着きがあった。年齢は三十少しすぎといったところか。相手をほめようと、

「ずいぶん落ち着いていらっしゃるんですね。もう、この仕事、長いんですか?」

「いいえ、ここへ移ってきて、まだ半年です」

「でも、すごく、か……」

A君は、気がついて、言葉を飲み込んだ。

そろそろ年齢が気になり出した女性に、「落ち着いている」は、けっして、ほめ言葉ではないと思ったからだ。実際、彼女は戸惑った顔をした。そこへ、

「でも、すごく、貫禄がありますね」

と続ければ、彼女は怒り出すかもしれない。

A君はあらためて女性を見て、落ち着いた、感じのよい人だな、と思った。そこで、

「すごく、感じのよい方ですね」

と、言い換えた。

A君のひと言で、彼女から戸惑いが消えた。そして、

「Aさんも明るくて、いい感じですよ」

笑顔で応じてくれた。A君はホッとすると同時に、自分のそそっかしさを反省

した。

見かけで判断して、相手の気持ちを読めずにものを言ってしまうのは、日常よくやる例である。こんな失敗をして相手から悪く思われるのはイヤとばかり、会話を避けているのでは、力は伸びない。

何事もやらなければ上達しない。そして、間違いには、

●できるだけ早く気づくこと（相手や周囲の反応を見ていればわかる）

●詫《わ》びる・言い直すなど、軌道修正をする

●次の会話に生かす

このようにして、会話の経験を重ねる中で、相手を読む力を向上させるとよい。

(3)相手に応じて出方を変える

会話の相手も場面も、話が進む中で変化する。それなのに、自分だけが相変わらず、同じ話をしているのでは鈍感と思われてしまうかも……。変化に対応して

出方を変えるためには、自分の話の聞かれ方に気を配ることである。

ともすると、自分が話したいことばかりしゃべる結果、相手が退屈し、そわそわし始めても気がつかない、といった例を見かける。油断からくる現象で、これでは単なるおしゃべりになってしまう。会話という名で、この種の一方的なおしゃべりがあちこちで行なわれている。

このレベルを卒業するためには、話しながら、相手がこちらの話にどう反応しているかを、キャッチすることだ。

人の気持ちの変化は、なんらかのサインとして、外に現われるものである。早い話が、〈わたしにも話させて〉という気持ちがわいてくれば、それなりの目付き、顔付きを示すものだ。話し手の話に対して、

〈ちょっと待ってよ〉

〈そうかなあ〉

〈それっておかしいんじゃないか〉

との思いが浮かべば、「首をかしげる」「腕を組む」「唇が動く」などの態度が

現われるだろう。

会話上手の人はこれらのサインを見落とさない人である。

異論・反論を越えて理解を深める

話をするとき、あなたは無意識のうちに、自分の意見に、相手の同意を求めていないだろうか。

映画を見終わって、

「ああ面白かった」

と言ったとき、相手からの、

「うん、面白かったね」

という答えを、どこかで求めていないだろうか。ところが、

「こういう映画は、主人公がハッピーエンドに終わるって決まっているから」

と、相手はさめた言い方をした。

「そりゃそうだけど、途中、ハラハラするじゃないか」

「だけど、結局は主人公の独り勝ちだもんね」

「じゃ、キミは映画はつまらなかったのか」

「つまらないとは言ってないわ」

このままでは、二人の間に、しっくりしないものが残る。

原因の一つは、女性の側のものの言い方にある。彼が「面白かった」と言ったとき、

「そうね」

と、にこやかに受ける。そうすれば彼も、

「途中、ずいぶんハラハラしたもんね」

が、気分よく言える。以後、

「でも、結局は主人公の独り勝ちよね」

「うーん、こういう映画はね」

「わたし、そこが物足りない」

こんなふうに会話が運べば、互いに意見は分かれても、気まずい思いは残らないだろう。

原因の二つ目は、同意・同感が得られないとイヤな顔をする男性側の態度にある。自分が面白かったからといって、相手も面白く感じるとは限らない。

彼にしても、「面白かった」と言ってくれない彼女に、まず戸惑い、さらに、「結末はハッピー・エンドに決まっているんだから」のひと言が加わって、〈この人はなんでこうなんだ〉と、いら立って、ついには、〈つきあいにくい相手だ〉と、敬遠してしまう。

人間は一人ひとり違うのだから、同じ映画を見ても、感じ方、捉え方は異なって当然である。自分と違う相手の反応に耳を傾けよう。ここから会話上手への道も開かれる。

(1)話は受け手が意味を決定する

会話の相手を、「自分と同じ」と考える人は、自分の言ったことは相手も同じように受けとるもの、と思い込む。違った受けとり方をする相手がいると、その相手を、

〈どうかしている〉

〈そんな受けとり方はおかしい〉

〈わたしはそんなつもりで言ったんじゃない〉

と、非難する。

相手は自分と違うのだから、相手は相手なりの受けとり方をするのは当然である。自分が言ったとおりに受けとれ、と要求する自分のほうが「どうかしている」のだ。

昼休み、AさんはBさんに、

「どうだい、調子は?」

と、声をかけた。

Bさんは一週間前、Aさんのいる営業管理部に移ってきたばかりである。Aさんが「調子はどう?」と話しかけたのは、「仕事面で様子がわかってきたかい」という意味だったが、Bさんは、ひと言、

「よくありません」

と、答えただけだった。意外な反応に戸惑ったAさんは、

「よくないって、体調がかい?」

「ええ、夜、遅かったりしたもので、風邪かなと思うんですが……」

Aさんは元気のないBさんを励ましてやろうと、陽気な口調で、

「さては夜遅くまで飲み歩いていたな。女性の後でも追いかけてるんだろう、なかなかやるじゃないか」

そう言って、アハハハと笑った。

ところが、Bさんは固い表情をして、

「いい加減なことを言わないでくださいよ。遅くまで飲み歩いたりなんかしてません」

肩のひとつも叩いて、元気づけようと思っていたAさんは、空振りに終わって、次の言葉が出なくなった。

以後、AさんとBさんの間はしっくりしない。Aさんにしてみれば、

〈心配して声をかけてやったのに〉

〈冗談もわからんような奴は話にならない〉

Bさんはといえば、新しい部署にきて緊張が続き、おまけに風邪気味で、「調子は？」と聞かれて、「よくありません」と、正直に答えただけだった。

話を聞いて、どう受けとるかは、受け手が決めることである。これは、コミュニケーションの原則である。相手は十人十色、さまざまな人がいるのだから、いろいろな受けとり方があり得るのだ。

「そんな受けとり方はおかしい」

「わたしはそうは言っていない」

と、いつまでも文句を言っている人は、会話を気まずくさせるだけである。

もう何年も前になるが、後輩が福岡に出張することになった。

「行ってきます」

と、元気よくあいさつして、出かけようとする彼に、わたしは、

「頑張って」

と、声をかけた。続けて、もうひと言、

「お土産なんか買ってこなくていいからな」

と、つけ加えた。よけいな気を使わせたくないと思ったからだ。

ところが、彼が出かけたあと、横にいた女性に、次のように言われた。

「あんなふうに言ったら、お土産を買ってこいという意味に受けとって、Iさん、きっと買ってきますよ」

「ぼくは彼に気を使わせたくないから言ったんだけど」

「でも、Iさんは気をまわすほうだから」

まさかと、そのときは彼女の言葉を軽く聞き流したが、出張から戻った彼がお土産を買ってきたのには、〈うーん〉と、考えさせられたものである。

「だから、買ってくるなと言っただろう」

「おいまさらそんなことも言えないので、お土産はありがたくいただいたが、「お土産」という、長い間の生活習慣について、単に「いらない」と言うだけでは、人によっては催促と受けとる者もいるのだと、これはわたしの勉強になった。

⑵〝違う意見〟に出会うのも会話の楽しみ

「いま、どこからですか？」
「どこにいるの？　いま」

電話をした相手から、こう聞かれるのがなぜか、わたしは好きではない。つい、「いや」「うん」などと答えをにごしてしまう。

それが先日のこと。駅の自動改札を通りぬけると、後方で若い女性の声がする。振り返ると、ケータイで話しているのだった。

「朝シャンしてきたばっかで、まだ髪が半分ぬれてるの、いやんなっちゃう。いま、改札を通って、階段に向かってるところ」

こちらがエスカレーターを降りてくると、彼女も降りてきて、「いま、エスカレーター降りてるんだ。あッ、電車きたから、切るね、じゃ、またね」

彼女の声を耳にしながら、〈まるで実況中継だな〉と思ったものだ。同時に、どこからでもかけられるケータイの時代、こちらから先手で、居場所を知らせてしまうのが当り前になっていることに気づかされた。そして、〈ああそうか〉と思った。「どこから」と相手に聞かれるのがイヤなら、先に、「いま、事務所の近くのレストランにいる」などと、言ってしまえばよいのだ。

自分とは違う他人の言動を知って、気づかされることもあるものだ。そして、それは会話でも同じことが言える。

昼休み。四十歳の上司と、二十代後半の部下との会話。

「近頃は、ふた言目には遊びだ、休日だって騒がしいけど、仕事があってのことだと思うがねぇ」

「でも、なんといっても遊びは楽しいですよ」

「仕事がなかったら、遊んでなんかいられないだろう」

「仕事は遊ぶ金を稼ぐのに必要な手段だから、なければ困りますけど、何が生き甲斐っていえば、遊びですね」

「仕事が充実してなきゃあ、遊びだって楽しくないだろう」

「そうは思いませんね。仕事がつまらなくても、遊びが楽しければそれで十分だと思いますね」

「仕事はつまらないもの、遊びは楽しいもの。そんなふうに二つに分ける考え方がおかしいんだよ」

「仕事こそ一番重要で、遊びはどうでもよいと、二つに分けるのも単純な見方じゃないでしょうか」

「人間の暮らしを考えれば、仕事がすべてでないことは確かだ。しかし……」

「しかし、遊びがすべてでもない」

「そのとおり。遊びもいいが、わたしは仕事あっての遊びだと考える」

「ぼくだって、仕事なんかどうでもいいとは考えてません。ですが、第一にあげるのはやっぱり遊びです。イタリア人に、あなたの人生の生き甲斐は何かと尋ねたところ、

『一にサッカー、二に会話、三に恋愛、四に食事、そして五番目が母親』

という答えが返ってきたそうです」

「イタリアと日本では、文化が違うから、同一には考えられない」

二人とも、お互いに自分の意見を述べ合うことで、違いがだんだんと、わかり始める。

若い部下の「遊びが第一」という考えに、

「そんな考え方は間違っている」

「そういうことだから仕事に身が入らないんだ」

「この厳しい時代に、考えが甘すぎる」

と、一方的に否定したくなる誘惑を抑え、気持ちを落ち着けて、

〈待てよ、彼には彼の考えもあるんだろう〉

と、若い部下の言葉に耳を傾けながら、自分の意見も述べていく。

若い部下も同じ。こうしてお互い、会話を交わしながら、相手の考えを知り、違いがわかる。若い部下は、「仕事は暮らしの一部」と認め、「どうでもよい」と考えているわけではない。

部下との会話によって、上司は、「近頃の若い者はさっぱりわからない」レベルから、「少しはわかる」に進む。若い彼も、上司に対する「古い」というイメージ、「話してもムダ」という態度が、若干改まる。

自分の意見に、「確かにね」「そのとおりですよ」と、同意されるのは快《こころよ》くもあるが、物足りなく感じる面もあるはずだ。

「そうは思わないね」

「それは違いますよ」

このように反論されると、馴《な》れないうちは不快になるが、〈待てよ〉と思い直せば、

「じゃ、どう思うんだ？」

「なぜ違うんですか？」

と、相手の意見が自分の考えと、どう違うのか聞いてみたくなる。

『河童の対談・おしゃべりを食べる』（文春文庫）という本の中で、妹尾河童氏の対談相手、佐藤信氏は、こんな発言をしている。

――相手が対話型だと、ぼくはすごくうれしいね。反論がないとこっちも発想が湧いてこない。ぼくの言ったことを「ウン、ウン」と聞かれちゃうと、自分の中でつまんなくなってさ……。

ヨーロッパの人の本で読んだんだけど、〝会話を楽しむ〟というのは、違う意見と出会うことだと。日本人のは、お互いに反論しないで、「フンフン」と聞いているコミュニケーションの仕方だと書いてあったけど……。それでは楽しめないね。考えをぶつけあって結局は二人が考えていたことと違ったことになるのがいいと思う。それが会話だと思う――

違う意見に出会うのが楽しめるようなら、あなたも手応えのある話し手として、相手から歓迎されるだろう。

(3)結果を気にせず伸び伸び話す

会話には相手の反論や違った意見を受け入れていく側面と、相手の心を読みながら相手に応じて話していく側面とがあって、二つがやりとりを通じて、同時進行する。

ある新人研修でのことである。

昼休み、研修所の食堂で、新人諸君と一緒に食事をした。四人掛けのテーブルに、男性二人と女性一人の新人、それにわたしの四人が座って、食事が始まった。この研修所には何度かうかがっていて、食堂の食事がおいしいのには定評があった。

その日の昼食も、トンカツに、春雨、イカのトマトソースあえ、それに野菜スープ。どれも味がよく、昼食にしては豪華。

食べもの、アルコールなどの話題を中心に会話を交わし、やがて、わたしも食事を終えた。それを見て、S君が立ち上がり、

「ぼく、片づけます」

と、わたしのお膳に手を差し出した。

「大丈夫、自分でやるから」

断わると、困ったような顔をして、S君は腰を下ろした。そこへ、食後のデザートとして、桜の花ビラの入ったアイスクリームが出された。

「うわあ、ステキ！」

女性が叫び声をあげ、四人ともどもにこの気の利いたデザートを平らげて、そろそろ腰を上げようというとき、研修担当のKさんが近づいてきて、

「食事、いかがでした？」

と、声をかけてくれた。

「いやあ、おいしかったですよ」

「そうですか」

そう言いながらKさんは、「お下げします」と、わたしのお膳を片づけてくれた。それを見て、さっきわたしに断わられたのを思い出したらしく、S君が、

「先生に断わられても、『いえ、わたしが片づけます』と、粘ったほうがよかったんでしょうか。ああいう場合、すぐ引き下がらないほうがいいんですか？」

と、心配そうに質問してきた。

この質問には、わたしがびっくりした。まさか、そんなことまで気にしているとは思わなかったからである。Kさんの「お下げします」のひと言にわたしが応じたのを見て、S君は、自分のやり方がまずかったのではないかと、不安になったのである。

この出来事には、いまの若い人の繊細さが感じられて、ふかく興味を覚えたものである。

二つのことを考えてみたい。

第一は、S君に対して、「そんな受けとり方はおかしい」と断じるのでなく、彼なりの受けとり方として認めること。コミュニケーションは受け手が意味を決定するのだから。

第二は、個々のケースには定まった答えはない。すなわち、ケースバイケースであって、どうするかは、その都度、自分で判断することと、S君にわからせる。

彼の場合は、あえて言えば、「ぼく、片づけます」のタイミングが早すぎた。粘る・粘らないの問題ではない。Kさんの場合は、いいタイミングで、「お下げします」が発せられたので、思わずそれに従ったのである。

タイミングも、その場の様子を見て、自分で判断するのである。S君も、その時以来現在まで、人とのやりとりの場数を踏んでいるだろうから、タイミングのとり方、人の心の読み方において、力をつけてきたに違いない。

とはいえ、どんなにベテランになっても、人間のやることだから、完全を望むのは無理である。

なにしろ、会話には「思いがけなさ」がつきものである。話してみなければ、結果がどうなるかわからないのだ。相手はどう思うか。イヤな顔をされたり、恨《うら》まれたりしないか……と、気にしていたのでは、うっかりものも言えない。会話は楽しいどころか、どっと疲れが出てしまう。

結果を気にするのは、よく思われたい、悪く思われたくないとの自己中心的態度とつながっている。相手を考えているようで、実は自分にとらわれている姿なのである。

会話上手の人が輝いて見えるのは、自分にとらわれないで、生き生きと話しているからである。

第2章

初対面で心をつかむ話し方

▼言葉だけでなく表情・動作も大事な要素

「人間関係」があって会話は成り立つ

会話は、話し、聞くやりとりだから、どちらか一方を欠くと成立しない。話すという働きかけがなければ、会話は動き出さない。

「わたしはお酒が好きですから、飲みに行くときは声をかけてください」

と、待っているだけでは、アルコール・コミュニケーションも成立しない。働きかけたとしても、のってくる相手がいなければ、会話は不発に終わる。

「聞こうが聞くまいが勝手にしゃべる」

と言うなら、どうぞご自由に。ただし、会話にならないことは言うまでもない。

ある会合で、設計事務所の所長という人を紹介された。表情を和らげることもなく、わたしの名刺を手にとり、

「話し方ですか」

と言ったかと思うと、いきなり、

「わたしは人間は育ちで決まると思うんですがね」

「？……」

「ウチの事務所で働いてもらっている社員にしても、採用のときに、躾《しつけ》なんかも身についた、育ちのいい人をとるようにしているから、採用してから教育するなんて、ムダなことはしませんよ。だいたい、会社に入ってから教育するんじゃ、もう遅いんです」

こわばった顔のまま、自分の主張をぶつけてきて、勝ち誇ったように、

「そう思いませんか？」

と、わたしに迫ってきた。

〈この人は、最初から、何をそんなに力んでいるのか〉

正直、好感が持てなかった。会話の相手になる気がしなかったので、

「そうも言えるでしょうね」

と答えて、口をつぐんだ。

「わたしのところは、わたしも含めて、仕事のできる社員をそろえているから、何も問題は起こりません」

以後、何か話していたが、わたしは聞く気になれなくて、その場を立ち去った。五年ぐらい前のことだったが、後味の悪い記憶が残っている。

初対面で、人間関係がまったくできていないのに、いきなり先走った主張をされるのでは、気の弱い人間は驚いて、自分の中に閉じ込もる。特に気弱でなくても、イヤな気分になって話す気がしなくなる。

たぶん、「会社に入ってから教育したのでは遅すぎる」という考えには、彼なりの経験や思考の過程があるのだろうが、それも聞く気になれなかった。もし、彼に好感を持ち、いい関係ができたとすれば、彼の考えを聞き、わたしの意見も述べて、会話は活発になったことだろう。

初対面の相手とは会話の前に、人間関係をつくることである。関係づくりが、会話を成り立たせるための条件なのである。

どう見られるか、〝第一印象〟に気を配る

人と人とが初めて会ったとき、お互いに受ける印象は強烈である。たまたま会った女性の姿を見て、たちまちひきつけられる。一瞬にして、〈なんて素敵な女性だろう〉と、心を打たれる。「ひと目惚れ」である。

初対面の最初の段階で、まだ言葉を交わしていなくても、目から入る刺激で印象は決まる。この段階では、何を話すかよりも、行動や振る舞いのほうが重要である。すなわち、あなたの表情・視線・動作などが、相手の視覚に刺激を与えるのだ。

人間にとって、目から入る刺激は、

- 強いインパクトを受ける
- 理性よりも感情に影響を及ぼす
- 印象として、長く残る

自分が相手にどんな印象を与えるか、知っておく必要がある。

(1)笑顔には魅力がある

明るい表情で、笑顔を見せる人には、だれでも、親しみを覚える。

ジャネット・G・エルシーは『4分間交渉術――「第一印象」の心理学』の中で、次のように述べている。

――笑顔を浮かべる人は、にこりともしない人よりも魅力的だと思われる。その上、無表情の人よりずっと信用が高い――

時折、無表情の人を見かける。〈いったい、何を考えているのか〉と、相手を警戒させる。以後の会話が思いやられる。

(2)アイ・コンタクトで相手の心をつかむ

顔の中心にあるのが、「目」である。

「目は口ほどにものを言う」

こんな諺《ことわざ》があるように、目は無言のメッセージを発信しているのである。相手に会った最初の段階で、スマイルとともに、目を見て、アイ・コンタクトを行なう。会った瞬間、目をそらすのは悪い印象を与える。相手は、無視されたと感じるか、何か隠しているのではと不安になる。

笑顔を向けながら、相手と目を合わせ、一～二秒止める。ちょっとの間、そのまま相手を見る。すぐそらさないことと、三秒以上見ないこと。三秒以上見ているると、相手に圧迫感を与える。一～二秒、長くて三秒したら、目をさり気なくそらすのがよい。

⑶お辞儀には〝人となり〟が現われる

相手と状況によって、

- 目礼
- 会釈
- お辞儀

のいずれかを選ぶ。

エレベーターの中で、見知らぬ人と一緒になったとする。笑顔とアイ・コンタクト、そして、目礼。その後、

「お早ようございます」

と、言葉を発すればベストである。

なかなかここまでいかないのが現実で、お互い、知らん顔といった場合が多いようだ。

初対面のお客様と会う。このときは、キチンとしたお辞儀が必要になる。

約束の時間に遅れるなど、なんらかのハンディがある場合、お辞儀は深々とすることだ。親しい相手でも、待ち合わせの時間に遅れた場合、言葉は、「ごめん、ごめん、遅くなって」でも、キチンと頭を下げる。これが、けじめというものだろう。

お辞儀には人柄が現われる。崩れた、だらしないお辞儀をする人は、けじめのない、だらしない人と見られても仕方がない。

◉あいさつは相手と状況で使い分ける

目礼……目を合わせ、無言であいさつ
●見覚えはあるが、直接口をきいたことがない相手を、離れた距離で見かけた場合など。

会釈……目を合わせ、軽く一礼する
●近くにきた人に立ち止まってする。一礼は笑顔とともに。

お辞儀……背筋を伸ばしたまま、腰を軸に上体を曲げる
●年輩者・上位者・お客様などにあいさつをするときなど。頭を上げるときはゆっくりと。

●笑顔
●アイ・コンタクト
●お辞儀

この中で、自分のウイーク・ポイントはどれか。わたしの場合、「お辞儀」がウイーク・ポイントだった。

三十代の終わりぐらいまで、何度もお辞儀について注意された。あごが上がってそっくり返るようなお辞儀の仕方をして、威張った態度に見られる、というのである。四十代になってから言われなくなったのは、自分で注意して改めたのと、年齢が上になって言ってくれる人がいなくなったからだろう。

いまでも、あごが出ていないか、自分で気をつけるようにしている。

「アイ・コンタクト」の練習をしよう

人の目を見るのが、日本人は昔から得意ではなかったようだ。子供の頃の遊びに、「にらめっこ」というのがあって、お互いに目を見てにらみ合い、先に目をそらしたり、笑い出したほうが負けだった。

この遊びも、元はといえば、相手の目を見るのに馴《な》れさせる狙いがあったと、民俗学者の柳田国男氏の著作に書かれている。

欧米人は、初対面の相手でも、ためらわずに目を正視する。以後の会話でも、目を大きく見開いて、相手を見て話す。

見るというのは自己の意思の表明にほかならない。自己表現がいまもって十分に育っていない日本では、アイ・コンタクトもいまだに苦手な人が多いのだろう。

したがって、相手の目を見ることの大切さはわかっているが、実際となると、

「視線をそらす」「目が逃げる」「上目使いの見方になる」など、まっすぐに見ることができない。

わかっていてできないのだから、できるように練習すればよい。練習の仕方を二つあげておく。

⑴相手より一秒長く

日々接する人とは、だれもが気軽に目を合わせる。朝、出社して、

「お早ようございます」

と、あいさつする際、相手よりほんの一秒長く、アイ・コンタクトをする。

上司に呼ばれて、「ハイ」と応え、上司の席に行く。

「なんでしょうか?」

と言って、上司の目を見る。そのときも、わずか一秒、長く見ること。

得意先を訪問する。

「いつもお世話になっています」

そう言って、お客様と顔を合わせる。ここでも、一秒だけ長く、アイ・コンタクトをする。

もうお気づきのように、これは相手より先に目をそらさない練習なのだ。当初は意識しすぎてぎこちないかもしれないが、だんだんと、相手の目をしっかり見ることができるようになる。やがて目に力が出てくる。

相手が目をそらさなかったら、どうするか。そのときは、あえて「にらめっこ」をする必要はない。

(2)話し方講座での練習方法

スピーチの練習のときに取り入れている方法が役に立つので紹介しよう。

大勢の前に立つと、プレッシャーがあるため、たいていの人はあがってしまい、目を見るどころのさわぎではなくなってしまう。

そこで表にある順序によって、アイ・コンタクトの練習をしてもらう。

聴衆には、話し手と目が合ったら、手を上げて合図してもらうように、あらか

◉アイ・コンタクトの練習手順

①中央の位置に立ち止まる
●きちんと両足をそろえる
⇩
②ひと呼吸、大きく息を吸って吐く
●鼻からたっぷり息を吸ってゆっくり吐く
⇩
③全体に目線を配る
●どんな人たちがいるか目にとめておく
⇩
④一人ひとりに目を合わせる
⇩
⑤目が合ったら、一瞬止めて、次に移る

じめ頼んでおく。話し手は自分ではアイ・コンタクトをしているつもりでも、手を上げてもらえない場合がある。目が合っていないか、止まっていないので、聴衆にはアイ・コンタクトが感じられないのだ。

それでも、ゆっくり繰り返し繰り返しやっているうちに、全員から手が上がるようになる。

大勢が相手の緊張する場面で、アイ・コンタクトに馴れておくと、一対一の場面で相手を見るのは抵抗がぐっと少なくなる。

“先手のあいさつ”はこんなに効果的！

これまでは、初対面の人に会って言葉を発するまでの心得について述べてきた。いわば会話以前の段階である。ここから、いよいよ言葉を発して、会話をスタートさせる段階に入る。

さて、あいさつとは、会話の発端部分であって、人とのかかわりをつくる第一歩の働きをするコミュニケーションである。

〈あいさつか……〉

あなたが心の中でこのように呟《つぶや》くとしたら、あいさつを単なる形式か、形骸化《けいがいか》された習慣として認識しているからだろう。社会生活は人間関係のネットワークによって成り立っている。あいさつは、人間関係づくりの第一歩を担う、「話の重要な機能である」ことを、あらためてはっきりと認識してほしい。

ひと言で言えば、「なんだ、あいさつか」などと、軽く見ないことである。

近頃、「あいさつもしない・できない」人間が増えている。それだけ、人と人との関係が希薄になっているわけで、会話の入口部分が揺らいでいる、と言ってもよい。

(1)あいさつには〝相手を変える〟力がある

初めて会う相手に、自分から声をかける。簡単に見えて、やろうとすると、なかなか難しい。

落ち着いて、余裕を持って、いつでも、どこでも、だれに対しても、先手で声がかけられる人は、初対面の人との会話の関門をすでに突破している人だ。

初対面の人といっても、

●必要があって会う相手

●まったくの見知らぬ人

の二つに分けられる。こちらの必要で会う相手にしても、会うまでは「まったくの見知らぬ人」であることに変わりはないが、両者は話しかける状況が異なる。

前者は会うことが予定されている相手、後者は偶然の出会いでの相手である。状況からして、後者のほうが声がかけにくいのは明らかである。

何十社も入っている、巨大なオフィスビルの一階エレベーターホール。見知らぬ者同士が、エレベーターのくるのを待っているが、近くにいる人に、だれも話しかけようとしない。周囲の人に、無関心を装ってはいるが、お互い、存在を気にしている。

だが、声をかけない。かけづらいからだ。

エレベーターを待つ間、近くの人と顔が合った。彼は、笑顔を浮かべ、アイ・コンタクトをし、軽く会釈してから、

「お早うございます」

と、あいさつをした。相手は怪訝《けげん》な表情をして、訊《き》いてきた。

「あの、どこかでお目にかかりましたか？」

「いいえ、初めてです。わたし、八階のM製作所に勤務しています、川田と申します」

その日はそれで終わり、二日後に、二人は再びエレベーターホールで顔を合わせた。今度は二人とも、声をそろえて、

「お早ようございます」

「ああ、お早ようございます」

「わたしは、十二階にいます、S商事の前川と申します」

川田・前川の両氏は、三度目に会ったときには、楽しそうに会話を交わし、今度昼に食事に行きましょうという話になった。

この話をしてくれた川田さんに言わせると、

「いつもこんなふうにいくとは限りません。わたしは川田、むこうは前川、二つの川が合流したんですかね。でも、初対面の人にも、先手で声をかけていると、あいさつがラクにできるようになりますよ」

とのこと。先手で声をかけた結果、こんなふうにうまくいくか、それとも無視されるか、それはわからない。

〈なに、この人〉

露骨に、イヤな顔をする女性もいる。だから、つい声を飲み込んでしまうのだが、ここを突破するのも、「先手の声かけ」の実践しだいである。

「そんなことして、どうなるの。自分が傷つくかもしれないのに」

陰の声が聞こえてきそうだが、あなたが手に入れるものは、「会話上手」という、無形の財産である。

傷つくと決まったわけでもない。それに、先手の声かけは、「人の心をつかむ」力を持っているのだ。先手での働きかけは、人の心をリードする作用があるからだろう。

出張でホテルに泊まったときのことである。

朝七時。一階のレストランで朝食をとろうと、エレベーターで下に降りた。フロントの前を通ると、中に二人の男性が立っていた。あいさつがあるかと思ったが、無言だったので、それならと、こちらから元気よく、

「お早よう」

と、声をかけた。彼らは眠りから醒《さ》めたような顔つきで、「お早ようございます」と、声を返してきた。

食事を終え、部屋に戻って、八時にホテルを出発。フロントにキーを預けながら、

「今夜、もう一泊です。よろしく」

「ハイ、承っております」

「それでお願いなんだけど」

「ハイ、なんでしょう」

「部屋にある浴衣のサイズが『大』なんですよ。ぼくはこのとおり小柄なんで、できれば、中か、小のサイズにしてもらえないかなあ」

「申しわけありません。浴衣は『大』しかないんです」

Ａ会館という、官をバックにしたホテルで、設備もよく料金も安いのだが、サービス面では民間より劣るのは仕方あるまいと、わたしはあきらめて、

「そう。用意がないんじゃ仕様がないね」

と言って、仕事に向かった。

夕方、六時近くにホテルに戻り、フロントでキーをもらった。応対に出たのは今朝のフロントマンだった。

「お帰りなさいませ」

元気よく、笑顔で声をかけてくれた。さらに、

「お客様の浴衣なんですが、『中』がございましたので、取り換えておきました」

朝とはだいぶ違うサービスぶりだ。「ありがとう」と、お礼を言って、いったん部屋に戻り、夕食をとるために、街に出ることにした。

再度フロントの前を通る。例の彼から、

「行ってらっしゃいませ」

と声がかかり、

「お客様。傘はお持ちですか?」

と、尋ねられた。

「持ってないけど」

「小粒の雨がパラパラ降ってきたようですから、よろしかったら、傘をお持ちください」

「そう。ご親切にありがとう」

礼を言って、傘を借り、外に出た。わたしは、朝、あいさつもしなかったフロントマンの態度がすっかりよくなったことに、おかしくもあり、また、うれしくもあった。声はかけるものだと、再認識した。

先手のあいさつには、相手を変える力がある。この力は、もっと生活に生かしたい。

(2)反応を見ながら対応する

声をかけたあと、相手がどんな反応をするかは予測できない。

タクシーに乗る。同じ運転手に会うことはまずないだろうから、二人は初対面。おまけに、狭いクルマの中だ。黙ったままで、十分、二十分乗っているのも窮屈な思いがする。話しかけてみよう。

仕事で地方に行って、タクシーを利用しなければならないとき、わたしはできるだけ、運転手に話しかけるようにしている。運転手もいろいろで、うまく話がかみ合って、会話がはずむ場合もあるし、うまくいかないときもある。

わたしの習慣で、タクシーに乗るときは、先に、

「よろしくお願いします」

と、声をかけることにしている。

「ハイ、どちらまで？」

感じよくあいさつを返してくる運転手とは以後の会話もうまくいく。返事がなく、何も言ってこないので、こちらから行き先を告げる、といった人も中にはいる。このタイプとは、会話をしかけても、うまくかみ合わないことが多い。こんな場合、無理してしゃべると疲れるので、黙るほうを選ぶ。

話しかけた結果、相手の反応がいい場合は、会話をするチャンスである。

広島でのこと。講演の依頼先から、ＪＲ西広島駅で降りて、そこからタクシー

できてほしいとの指示があったので、改札を出ると、わたしはタクシー乗り場に向かった。

先方の指示は、クルマの上に○協と印のある会社のタクシーに乗ってほしいとのこと。十台近く、空車のタクシーが乗客待ちをして並んでいたが、どれも個人タクシーばかりだった。

急ぐこともないので、近くをブラブラ歩いてみた。三分もしないところに路面電車が走っていて、見ると行き先は「宮島」とある。

〈え？　この電車、あの日本三景の一つ、「宮島」に行くのか〉

びっくりして立ち止まっていると、近くでタクシーが停車し、若い女性を降ろしている。なんと、クルマの天井に○協のランプ。近寄って、女性が降りるのを待って、声をかけた。

「いいですか？」

「どうぞ」

元気のよい返事が返ってきた。すぐ乗り込んで、いつものとおり、言葉をかけた。

「よろしくお願いします」

「お客さん、どちらまで行かれますか？」

行き先を告げたあと、彼と会話が始まった。

「駅前に個人タクシーの空車が並んでますね」

「夕方のこの時間、お客さんが多いのは駅ですから、タクシーは駅に集まるんです」

「それなら、個人タクシーに限らないわけでしょう」

「ええ。ただ、われわれ会社のタクシーは無線で連絡し合っていますからね、街中でも結構お客さんを拾えますが、個人の場合はそうもいきませんので」

「なるほどね。ところで、広島にくると、プロ野球はやっぱりカープファンが多いんでしょ？」

「わたし、大阪生まれなんですよ」

「じゃ、阪神タイガースファン？」

「女房は広島生まれなんで、カープを応援してますね。お客さんは、東京の方ですか？」

「千葉県の柏っていうところ、知ってますか？」

「わかりますよ。学生時代、友達が野田にいて、よく遊びに行きました。あの近くでしたね」

話ははずみ、話題があちこちに飛んだ。最後には、広島県人の特徴に及び、このときの話題は、翌日の講演の導入部で使わせてもらった。

相手の反応がよくないとき、タクシーであれば黙ってしまうこともできるが、なんとか話を続けなくてはならないときはどうするか。

(3)相手が話にのってこないときはどうするか

①こちらの声のかけ方を振り返る

いい反応が得られないからといって、〈なんだこの人は〉と、相手を責めるのは性急というもの。自分の声のかけ方を振り返ってみること。

●相手の状態を考えたか
●声は相手に届いたか
●感じのいい言い方をしたか
少なくとも、右の三点を確かめておくことである。

②相手が不馴れで返し方がヘタである
本当は、快く応じたいのに、初対面のためうまく表現できないで、心ならずもよくない反応を返してしまう人だっているだろう。応じたくても応じられない相手には、答えやすい質問を投げて急がずに待てばよい。

③警戒心が強く打ち解けようとしない
あいさつしても、目をそらす、腕組みをして身構える、仕方なさそうに返事をするなど、ガードが固く、崩そうとしない人がいる。

話しかけたあと、対応がもっとも難しい相手である。こういう相手と話し続け、

●相手が話にのってこないときはどうするか

声のかけ方を振り返る
- 相手の状態を考えたか
- 声はちゃんと届いたか
- 感じよく声をかけたか

返し方がヘタな人
- こちらから質問する

警戒心が強い相手
- もう一度声をかけ直す
- 自分を正直に見せる
- 相手の関心事にふれる

会話を盛り上げていくのは簡単ではない。会話上手の人でも、途中で投げ出してしまうことがある。

対処の仕方は難しいが、ないわけではない。

●もう一度、声をかけ直す

電車の中で、

「少しお詰めいただけますか？」

と、声をかけている人を見かける。

明るく丁寧な口調で呼びかけ、反応が思わしくないと見るや、再度、

「恐れ入りますが、もう少し詰めていただけますか？」

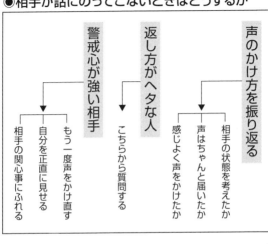

と、声をかけている。たいていが中年の女性だが、いい反応が得られなくても、もう一度声をかける。二度目のときは、反応が違う。彼女に協力しようと、順ぐりに詰めていく。これができる人は、会話上手である。

会話の練習にもなるし、実行する人が増えれば、乗客の座るときのマナーも改善されて一挙両得になる。

●自分を正直に見せる

あいさつしたあと、次の言葉をどうかけるかは、必要があって会う相手の場合、あらかじめ用意しておくケースもあるだろう。だが、会って話しかけてみると、シラッとして、まったく反応なし。用意した言葉も、役立ちそうにない。

〈これは大変だ〉

思わず身構えて、立往生してしまう。

スキー場で、偶然自分好みの女性に出会う。思い切って、

「ずいぶん混んでますね」

と、声をかけてみた。でも、彼女は目をそらせ、「ええ」としか答えない。とりつく島のない態度に、たちまち立往生する。

心を開いてくれない相手の心を開く鍵はたった一つ。こちらが心を開くことである。

そこで彼は、正直に自分のことを話してみた。

「実はぼく、このスキー場は初めてで、スキーにも馴れてないんですよ」

すると、彼女はホッとしたように、表情を和らげた。

「わたしも、スキーは初めてなんです。それで怖くて」

彼女が心を閉ざしていた理由もわかって、二人は以後の会話がラクになった。

話題がとぎれて、どうしようと思った彼の目に、壁にかかった一枚の絵が映った。絵の好きな彼の口から、思わず言葉がこぼれた。

「いい絵ですね。レンブラントですね」

すると、相手の表情が動いた。

「絵に興味があるんですか?」

「ええ、大好きです。よく美術館に絵を見に行きます」

「そうですか」

以後、相手がポツリポツリと口を開き、会話は静かに動き始めた。

人間には、警戒心と親近感の二つが同居している。初対面では、まず、警戒心が働く。簡単に打ち解けられないのは当然のことでもある。人に接する機会の少ない相手、大きな組織に守られて外の風に当たることが少ない相手からすれば、外部からやってきた初対面の見知らぬ人間とは、できれば話したくないというのが正直な気持ちかもしれない。

相手の心のトビラを叩いてこれを開かせるには、次の二点を心がけることである。

●正直に自分を見せる
●共通の関心事を見つける

相手の心に、親近感が育ってくれれば、会話にも灯がともることになる。簡単ではないが、うまくいったときの喜びは大きい。

会話がとぎれない、初対面にふさわしい話題

近頃は、技術者が営業のサポートにまわったり、現場から営業に配転になるなどのケースが珍しくない。この人たちにすれば、初対面のお客様に接して、何を話してよいかわからない。黙っているのも苦痛。結局、モジモジして、相手が何か言ってくれるのを待つほかにない。

新幹線で、隣席の人に声をかける。

「混んでますね」

「そうですね」

さて、次に何を話すか。間があいて、話が続かない。二人とも、ぎこちなく沈黙を続け、結局、会話は不発に終わる……などということも。

初対面の人と話すのが苦手、という人の悩みの大半は、次のとおり。

- ●何を話してよいかわからない
- ●相手の反応がよくないと、話がとぎれる
- ●話のネタが不足する

そこでまず、どんな話をすれば、話がとぎれないで会話がはずむかを考えてみよう。

先に引用した例の中で、壁にかかった絵の話を始めたところ、相手がのってきて、会話が動き出したのは、共通の関心事にふれたからであった。

初対面の相手がどんな人かは不明のままだ。趣味が絵だというのも、偶然知ったにすぎない。とはいえ、だれにとっても興味・関心のある話題を持ち出せば、話のきっかけはできる。

そこで、会話のきっかけになるような話題で、たいていの人が話にのりやすいものを紹介しよう。

◉合言葉は「たちつてと、なかにはいれ」

た……食べ物、飲み物、旅の話
ち……地域、地元の話
つ……通勤に関連した話
て……天気、天候について
と……富、景気、経済
な……名前、地名に関して
か……体、健康の話
に……ニュース、トピックス
は……はやり、流行、トレンド
い……異性、男女の話題
れ……レジャー、余暇、休日

●「た」……食べ物、飲み物の話題

人間共通の関心事。特に、いまはグルメの時代。おいしい食べ物、珍しい料理、アルコールなどの話は、だれにとっても興味をひく。

名古屋から岐阜を通って長野県に向かう「中央西線」の高蔵寺という駅で、たまたま初対面の人と話す機会を得た。さっそく食べ物の話をわたしは持ち出した。

「名古屋で有名な食べ物というと、きしめん、それに味噌カツですか？」

「そうですね」

この「そうですね」はほかに何かな

いだろうかと、考えているあいづちである。

「北海道の帯広に行ったときに、『豚丼』というのがありました。牛肉の代わりに、豚肉の味付けしたのを丼にのせるだけなんです」

「名古屋には、鰻御飯の一種なんですけど、『ひつまぶし』というのがあって、わたしはこれが好きでしてね」

「『ひつまぶし』ですか」

「御飯の上に鰻の蒲焼が細かく切ってのせてあるだけなんですけど、食べ方が変わっていて、ワサビ、ノリ、ネギを入れてかきまぜるんですよ。または、味のついた汁をかけて、お茶漬けのようにして食べます。これが、結構いけるんですね」

「豚丼」が引き金になって、「ひつまぶし」の話になり、会話がはずんだものである。

●「ち」……地域の話

日本の各地には、そこに根づいた文化、生活習慣、地域語といったものがある。

お互いの出身地についての話に関連させて、初対面の人との会話には、もってこいの話題である。

私の郷里山梨県には、「ももっちい」「はんでめためた」などの言葉があって、「くすぐったい」「度々」との意味。山があっても山梨県、山に囲まれ、ぶどうと桃の産地である。

●「つ」……通勤にまつわる話

大都市に人口が集中するために、朝夕の通勤ラッシュはお馴染みの現象になっている。

「会社へはどの線で来るんですか?」

「あの線は混むんですよね」

「新宿駅の朝も人であふれかえるしねぇ」

といった話が交わされ、通勤に要する時間、沿線の住宅事情などにも、話題は広がる。

地方に行くと、クルマ通勤の話が出る。この場合は道路事情が登場する。夜、飲み会がある場合、運転代行車という便利なものがあるのも、聞いて「なるほど」と、感心する。

「つ」にまつわる話題も、世の中の変化とともに、内容が移り変わるのだ。

●「て」……天気、気候

天候は人間の生活に大きな影響を及ぼすから、気象に関する情報は、だれにとっても大きな関心の的になる。

ある会合で隣り合わせた人と、あいさつのあと、天気の話になった。

「先日も突然の大雨で、ＪＲの線路が水びたしになって電車が動かなくなりましてね」

「この夏は、突然すごい勢いで雨が降り出すことが多いですね」

「びっくりするような大粒の雨がすごい勢いで降ってきますからね」

「なんだか、亜熱帯地方の天候に似てきたんじゃないかと思いますよ」

年輩の男性は、以後のわたしとの会話で、人間が際限もなく科学技術の発展を図ることに疑問を抱いてみせた。

天気の話から、科学技術の分野に話題が飛ぶ。それが、会話の楽しさ、面白さでもある。

●「と」……富、景気、経済の話

「儲かりまっか？」

は、あいさつ代わりに使われる言葉。

「どうですか、景気は？」

「よくありませんね」

「でも、食品業界は景気に左右されないんじゃありませんか？」

「競争が激しくて、ちょっと油断していると、他所《よそ》にもっていかれますしね。それに、消費者にあきられないようにしないと、気がついたら、もう遅いなんてことがざらです」

「厳しいんですね」

と、こんなやりとりは、商談の前置きによく使われる。

順調にいっている会社が、突然赤字に転落して、リストラが行なわれる時代である。

消費社会、情報社会の日本で、景気を左右する条件は何か。把握しにくいだけに、景気の話は、人々の強い関心を呼ぶ。

●「な」……名前。地名、人名など

仕事で、北海道の江差町に行った。隣の町に、格安で入れる町営の温泉があるというので、さっそく行ってみた。天然温泉で、よく温まり、肌がつるつるになるすばらしい温泉だった。同時に、町の名前が、「上《かみ》ノ国町」。江差から、「天の川」という川を渡ると、上ノ国町になる。地名、川の名前も、温泉と一緒に印象に残った。

名前といえば、話題の中心は人の名前である。あいさつのあと、名刺交換をしたときは、名刺をすぐにしまわずに、相手の名前、自分の名前について、読み方、由来など、話題にするとよい。

●「か」……体、健康、美容

会話の相手が五十～六十代なら、話題として一番多いのは、「健康」に関するものだろう。

そういうわたしも、名前が健康の「健」でありながら、痛風と喘息《ぜんそく》の二つの病気を抱えていて、健康の話題には事欠かない。名は体をあらわさない見本のようなもの。

ある会合で、初対面の相手から、

「いかがですか？」

と、ビールをすすめられた。

「ビールはダメなんです」

と、断わったところ、三十半ばに見えるその男性は、

「もしかして、痛風ですか？」

と、訊いてきた。

「そうなんです。でも、よくわかりましたね」

「父が痛風なものですから。ビールと枝豆のゴールデンコンビが痛風に悪いんだと、よくこぼしています」

わたしは、彼に親しみを覚えた。

女性であれば、食事・運動・睡眠などについて、美容面からどうするかといった話が中心になる。

●「に」……ニュース。全国各地、世界各国の出来事

新聞・テレビによって、居ながらにして、ニュースを知ることができる。

近頃の若い人は、新聞を読まなくなった。特に大学生にその傾向が顕著だと聞く。そうかと思うと、新聞が好きで、隅から隅まで目を通す人もいる。二紙を読み比べると、一つの事件に対して、取り上げ方の違いがわかって面白いという人もいる。

新聞を読むのが面倒な人は、見出しだけ、サッと目を通すとよい。テレビで報じない記事が目についたり、興味をひかれる見出しがあればそこだけ読んでみる

のも面白い。

●「は」……はやり、流行。いまの言葉でいえば、トレンド

変化が激しい時代、世の中の動き、潮流といったものも、目まぐるしく変わっていく。

二十一世紀、時代の大きな流れ（メガ・トレンド）がどの方向に動くのか、予想がつきにくい。それだけに、「トレンド」に関する話題は、身近な流行現象から始まって、世界の動向にいたるまで、興味はつきない。

●「い」……異性。男性、女性に関すること

長いこと君臨した「男性中心」の社会から、女性のめざましい活躍によって、男女平等社会へと移行しつつある。とはいえ、男性中心の意識がまだ消えない人も残っていて、しばしば問題が起こる。

最近の女性は、男性よりもパワーにあふれ、能力も高いといわれるのに、成人

女性を「女の子」と呼ぶ男性がいまだあとをたたない。「女じゃだめだ、男を出せ、男を」と、文句を言う年輩の男性も、まだいる。

●「れ」……レジャー。趣味の話から、休日の過ごし方など

――ゴルフの初心者にとって、もっとも難しいことは、ゴルフの話ばかりしないことである――

アメリカの「ポケット・ジョーク」に、こんな短いジョークを見かけた。趣味にせよ、休日の過ごし方にせよ、自分がいま夢中になっていることばかりをしゃべるのでは、相手は時間をもてあます。相手の趣味の話にも耳を傾けるのが会話上手である。

「た」から「れ」まで、初対面の人と話すのに便利な話題について述べてきた。そこへ盛り込む話の材料は、あなたの手持ちの話材がどれくらいあるかで決まる。

第3章

身近な人と〝いい関係〟を保つ話し方

▼さり気ない言葉・他愛のない話の効用

つい怠りがちな〝身近な人〟との会話

すでに人間関係のできている相手や、近くにいて毎日顔を合わせている人とも、互いの関係を維持し調整して、さらに深めていく上で、会話は欠かせないコミュニケーションである。

とはいっても、顔見知りになり、身近な存在になると、お互い、

●相手のことはわかったつもり

●自分のことはわかってくれるはず

と、甘い見方に陥《おちい》りやすい。

そのため、コミュニケーションの無精が始まり、会話不足を招くこととなる。

職場で一緒に仕事をしている相手のことは、よくわかっているつもりであるが、実は知っているのは表面だけかもしれない。突っ込んだ話をしているわけでもなく、朝夕のあいさつだって型どおり……となれば、むしろ、ほとんどわかってい

ないと考えたほうが正しい。

だからこそ、会話をして、相手を知る楽しみがある。お互い、未知の領域がいっぱいあるのだから、会話をする余地はたくさん残されているのである。

顔見知りになり、つながりができたそのときから、会話を続けていき、お互いを知る努力を継続しよう。その中で会話も磨かれて、上手になるのである。人間関係を長続きさせるためには、会話を絶やさず、自分自身、豊かになっていくことである。

(1)他愛もないやりとりが潤滑油になる

同僚が一週間ぶりに出張から戻った。

「長いことお疲れさん」

「ありがとう。留守中、変わったことはなかったかい？」

「いいニュースと悪いニュースがあるけど、どっちを先に聞きたい？」

「いいニュースが聞きたいね」

「ボーナスが昨年の二倍支給されるそうだ」

「信じられないね。で、悪いニュースは？」

「それがデマだったということだ」

「デマでも、信じたいね」

「信じられないと言ったり、信じたいと言ったり、忙しい男だね」

他愛もない会話のやりとりだが、これで、一週間の空白が埋まる。

一方、同じ職場で仕事をし、毎日顔を合わせていても、会話がなかったらどうだろう。

「ただいま」

と、相手が一週間ぶりに出張から戻ってきたとき、

「あれ、どこか行ってたんだっけ？」

などということにも、なりかねない。

人と会話をするのは、相手に関心を持つからだ。関心がうすれれば、会話もとだえる。逆に言えば、会話のとぎれは、相手への関心のうすれでもある。物理的

には近くにいても、会話のない状態が続けば、赤の他人同様、なんらかかわりのない相手になってしまう。

身近な人、毎日顔を合わせる人との会話をとぎれさせないポイントは、次の二点である。

①朝夕、必ずあいさつをする

朝、職場にやってくると、あいさつそっちのけで、パソコンに直行する社員が少なくない。パソコンの前に座り、だれから、どんなメールが入っているか確かめる。

パソコン第一、あいさつは二の次、三の次で、後退していく傾向にある。このままでは職場から朝のあいさつが消えてしまう。朝は、なにはともあれ、近くにいる人に声をかけ、あいさつをする。パソコンの前に座るのは、それからで遅くない。

〈あいさつ第一、パソコン第二〉

と心に決めて、実行に移す。

夕方も同じ。メールの有無を確かめるだけで、あいさつもせず、さっと帰ってしまうのでは、いつとはなしに、存在感のない人間になってしまう。

②「あいさつ」プラスひと言で会話につなげる

たとえば、予定があって定時で帰るとき、

「お先に失礼します」

のあいさつは欠かせないが、これだけでは十分でない。

「今日は友達と約束があるんで、お先に」

このひと言に、先輩が反応する。

「約束？　いいね、映画でも見にいくのかい？」

「オペラを聴きに行くんですよ」

「すると、友達っていうのは女性だろう」

「さあ、ご想像にまかせます」

こんなやりとりのあとなら、

「じゃ、お先に」

と、気持ちよく、職場を立ち去ることができる。

朝、パソコンに向かっている後輩に、

「お早よう」

と、あいさつするが、後輩は画面を見たまま、小さな声で返してくる。

「お早ようございます」

毎朝これで終わるのでは、そのうち先輩も面倒になって、あいさつさえしなくなる。

先輩は、昨日の昼休み、後輩の彼が同僚に「新車を買ったんだ」と、話しているのを思い出した。そこで、ひと言、つけ加えた。

「新車の乗り心地はどう？」

後輩は手を止めると、顔を向けて言った。

「あれ、よく知ってますね。わたしが新車を買ったことを」

「昨日話してたじゃないか」

「そうかあ。でも、やっぱり新車は快適ですよ」

「乗り心地いいだろうね」

「先輩、一度ドライブしませんか?」

「よし、じゃさっそく出かけるか」

「仕事、始まったばかりじゃないですか」

「ハハハ」

ちょっとしたひと言が引き金になって、普段しゃべらない後輩も、話がはずんで、楽しそうだ。

先日、電機メーカーで、技術者向けのプレゼンテーション研修が行なわれた。

わたしは講師として出たのだが、教室に入ってみると、受講者十八名が全員、机の上にノートパソコンをおいて、画面を見ながら、キーを叩いている。

「お早うございます」

と、声をかけたが、二、三人が小さい声で返してきただけ。それも、画面に向かったままだった。画面を閉じてもらって研修を始めたが、休憩時間になると、再びノートパソコンに向かう者もいた。会話を交わしている者は、一人もいなかった。

パソコンは便利な機械だが、道具にすぎない。人間は道具ではない。パソコンを優先して、人間を敬遠してしまえば、人間が道具に使われることになる。

(2)「一緒に」「共に」こそが会話の精神

結婚して、間もない頃は、「行ってらっしゃい」「行ってきます」の決まり切ったあいさつ言葉にも、実感が込もっており、会話も話がはずんで楽しい。

やがて、時とともに、あいさつ言葉も習慣化して、実感に乏しくなる。共働きで、疲れもあってか、会話に対しても、いつしか無精が生じる。

人間関係の維持、改善が必要なのは、この時期なのである。

結婚して三年目のM君の話である。このところ、残業が少なくなって、会社からの帰りが早くなった。その分、帰宅して時間を有効に使っているかといえば、むしろムダに過ごしているように感じられる。

その原因はテレビの見すぎで、見たくもない番組まで見て、無為に過ごしていることに気づいた。

そこで、M君は、『週刊TVガイド』という雑誌を買ってきて、見たい番組をピックアップすることにした。そうすれば時間もあくから、妻と会話をする時間に当てることもできる。このところ、妻との会話がめっきり減って、関係がギクシャクし始めているのが気になっていた頃でもあった。

というわけで、M君は買ってきた雑誌を開いて、見たい番組のところに、蛍光ペンでマークをつけていた。そこへ、奥さんがやってきて、

「あなた、そうやって、自分の見たい番組だけ印をつけて、わたしのことはどうでもいいわけ？」

と、皮肉っぽい言い方をした。

なんだか急に腹が立って、彼は言い返した。

「じゃ、オレは自分の見たい番組に印をつけるのに、いちいちおまえの許可を得なけりゃならないのか」

「そんなこと言ってないわ。わたしにひと言相談してくれたっていいでしょ、って言ってるんです」

「それならそう言えばいいじゃないか。もっと、素直な言い方ができないのかな」

「悪かったわね」

実は、このところ、ちょっとしたことで、口ゲンカをすることが増えていた。会話不足を解消する目論見もあってやったM君の試みが失敗に終わったのも、コミュニケーション不足のせいである。

夫婦ゲンカは、外から見れば他愛ないが、本人たちにとっては、梅雨の天気以上に、うっとうしく、気の滅入るものだ。そんな事態を招かぬために、M君はひと言、

「TVガイドを買ってきたんで、見たい番組に印をつけようと思うんだが、一

緒にやらないか?」

と、呼びかければよかったのだ。

「一緒に」「共に」は、会話の精神である。呼びかけに相手がのってこないとなると、相手にかなりの痼《しこり》があるとみたほうがよい。時間をかけて、率直に話し合うべきだろう。

歌手でタレントの早見優さんは、あるとき、雑誌のインタビューで、次のように話していた。

――コミュニケーションって、どこのカルチャーでも大切だと思うんです。親子でも恋人同士でも夫婦でも。結婚してわたしたち、二人とも仕事を持っていますので、会う時間が減ってくると、小さなことでもケンカになったりするんです。そんなとき、考えてみると、最近話し合っていないなと思うんです。だから、たとえば寝る前に十五分でいいから、ちゃんとお互いに目と目を見合わせて話をするようにしています。ただ一緒の空間にいるだけではダメなんです――

(3)家庭内でも必要な情報交換

夫婦、親子といった、もっとも身近な者同士のコミュニケーションは、
●油断がある
●感情がストレートに出る
●相手への期待が強い
などにより、しばしば問題が起こる。

夫婦、親子は同じ屋根の下にいるとはいえ、それぞれ相手がその一日、何があってどんな経験をしたか、知らないのだ。同じ空間にいるだけで、情報を交換し合わなければ、相手のことは何もわからない。

そうでなくても、共働き、ケータイの普及などで家庭の機能が低下している昨今、「会話」の果たす役割は大きいのである。

"話しにくい人"から抜け出す方法

結婚して一年もたたない若い女性から、相談を受けたことがある。

「夫はイヤなことや、面白くないことがあると、黙りこくって、何もしゃべってくれないんです。ウチは、会話のない、暗い家庭です」

イライラしている様子で、決めつけるような言い方を彼女はした。

「機嫌のいいときはしゃべるんですか？」

「ええ、少しは。それで、一番気になるのは、不機嫌そうにしているときなんです。彼は、面白くなくても、決して自分からそれを口にしないんですよ。だから、わたしには、何が気に入らないのか、さっぱりわかりません。わたしのほうから、『あなた、何か面白くないことがあるんなら、わたしに話してくれない？　ねえ、何があったんですか？』

と、尋ねても、

◉家庭での会話を活性化するちょっとしたコツ

① **一日一回、相手の目を見る**

- 「子供たちの顔を一人ひとり、一日のほんのわずかな時間でいいから、心を込めて見つめてやろう」(S・ジョンソン他『1分間マネジャー』)

② **三分でも五分でもよい、一日一回会話をする時間をとる**

- 「ただいま」「お帰り」だけの日が続けば、小さなことでもケンカになる

③ **今日一日、どんなことがあったか、話すこと**

- 話しているうちに、疲れもとれてくる

『いや、別に』

『でも、そうやって不機嫌にしていられると、わたし、とても気になるのよ。ね、わたしが原因なの、わたしがあなたを不愉快にさせてるの？』

『そんなことはないよ』

『じゃ、なんなの？』

『だから、なんでもないって言ってるだろう』

　結局、これ以上、話が進まないで、わたしも黙ってしまい、重苦しい沈黙が残るだけなんです。どうしたらいいんでしょうか？」

「あまり問い詰めないで、彼が機嫌の

よいとき、できるだけしゃべってもらうようにしたらどうですか?」

急がないほうがよいとつけ加えた。わたしのアドバイスにもの足りなさそうだったが、彼女は、

「ありがとうございました」

と、礼を言って立ち去った。

(1)ものが言いにくい状況を自分でつくっていないか

夫がしゃべってくれないと嘆いた彼女だが、ひょっとすると、原因の一端は彼女自身がつくっているのかもしれない。彼女は勝気な性格のようであり、それによくしゃべる。ひと言夫が言うと、三言も四言も返すタイプのようだ。

職場でイヤなことがあって、それを彼が話し出すと、すぐ口をはさむ。

「それはおかしいんじゃない」

「わたしだったらこうするな」

彼は内心異論があるのだが、何か言えば再び二倍、三倍になって返ってくると

思うから黙ってしまう。

何回かこんな経験を続けるうちに、

〈彼女には言ってもムダ〉

との思いが定着して、口を閉ざすようになった……。

とすれば、彼女の、

「なぜ黙っているの？」

という質問は、彼にではなく、自分に向けるべきだろう。

相手がひと言でもふた言でもしゃべり出したとき、

「それは違うと思う」

「こうしたほうがいい」

などと、自分がとって代わってしゃべり出せば、相手はしゃべれなくなる。自分がものを言いにくくさせている元凶なのだ。

一方、言いたいことがあるのに口を閉ざしている人は、自分で自分を言いにくい状況に追いやっているのである。

Sさんが転職した先は、年輩の女性が何人もいる職場で、最初戸惑った。男で、三十前の自分が、年輩の女性たちとうまくやっていけるかな、と心配だった。

でも、彼女たちは明るく話しかけてくれて、

〈これならやっていけそうだ〉

と、ホッとした。

一カ月ぐらいは、順調な日々が続いた。会話もはずみ、仕事もわからないことは親切に教えてくれた。ところが、二カ月を過ぎる頃から、どことなく空気が変わり始めた。朝、

「お早ようございます」

と、あいさつする。以前は、

「お早よう」

と、気軽に声が返ってきたが、この頃は、

「お早ようございます」

と、丁寧な、しかし、どこかよそよそしい言葉が返ってくるのだ。特に、一番年上の女性の態度が、素っ気なくなった。仕事のことで尋ねても、

「いま忙しいから、ほかの人に聞いて」

と、体よく断わられる。

いつから、何がきっかけでこうなったのか、思い当たらない。Sさんも、だんだん心を閉ざして、彼女たちに近づかなくなった。この頃では、職場に行くのが気が重く、職場に行っても、一人孤立して、与えられた仕事をこなすのみとなっていた。

この状況をどうにかしたいと悩んだ末に、話し方講座の「会話コース」に、勉強に来たのだった。

Sさんは体格がよく、ダブルの背広のせいか、落ち着いてしっかりした人に見える。

「よく人にそう言われます。でも、実際はそそっかしくて、ヘマをよくやるんですよ」

と、笑顔を見せた。笑うと、親しみが持てる。でも、大半、あらたまった顔をして、真面目そうで、堅苦しい感じを受ける。

「面白いことを言って人を笑わせるのが苦手なんです。何を言えばよいか戸惑って、結局、黙ってしまうことが多いんです」

彼は意識しすぎて、自分で話しにくい状況をつくっているようだ。

彼の魅力は笑顔にある。もっと笑顔を見せ、自分から近づいて声をかけたらどうだろう。休憩時間も、イスに座って一人でポツンとしていないで、周囲の人に話しかけていくとよい。相手が話しているときは、あいづちを打ち、明るい表情で、積極的な反応を示して聞くようにする。

これで相手も話しやすくなって、空気がほぐれるから、こちらもしゃべりやすくなる。

Sさんの例は、一般にもあてはまる。すなわち、

- 堅苦しい態度
- 無表情

●自分から近づかない

など、あなたがこんな姿でいたら、周囲はあなたを敬遠して、よそよそしくなるだろう。まわりの人は、あなたを扱いかねて、結局、敬遠してしまうのである。

(2)自分から言いやすい状況をつくるコツ

相手まかせにしないで、率直にものが言える状況を自分でつくっていこう。それにはどうするか。

前出の相談に来た女性の夫は、気に入らないことがあっても、それを口にしないため、彼女をいらつかせていた。彼からすれば、言いたいのを我慢している気持ちも知らないで、

「なぜ黙っているの？」

「わたしに何か気に入らないところがあるの？」

などと問い詰められても、答えようがないと黙っているのだが、「我慢」するのでなく、言いたいことは言う方向に、態度を切りかえてみたらどうだろうか。

言いたいことを言うためには、ものが言いやすい状況を、自分からつくっていかなければならない。

①先手で声をかけて、はずみをつける

考えてばかりいると、なかなか言い出せない。

自分から明るい表情で、先に声をかける。はずみがついて、元気になり、以後のやりとりも活発になる。

後輩に注意しなければならない。言いにくい。彼を傷つけるかもしれないと思うと、気が重い。考え込んでいるところへ、後輩が現われると、

〈やっぱりやめておこう〉

と、言いたいことを引っ込めてしまう。

言うべきことは言おうと心に決めたら、こちらから後輩のところに出向き、

「お早よう、昨日はお疲れさん」

と、先手で話しかけ、はずみをつけると、以後の注意がしやすくなる。

先の夫の場合でも、帰宅のとき、玄関で、

「ただいま」

と、明るい顔で、声をかける。笑顔であいさつすれば、妻も彼を、気持ちよく迎え入れることができる。

②明るく振る舞い、話しやすい雰囲気をつくる

いつになく明るく、「ただいま」と言って帰宅した彼を見て、彼女が尋ねる。

「あなた、もしかして、飲んでる?」

「そう見える?」

「なんだか、ご機嫌のようだから」

「飲んでないけど、飲みたい気分だね」

「ビール開けましょうか?」

「いいね」

こんなやりとりがあって、間もなく、ビールがグラスになみなみとつがれる。

彼女は、

「わたしも」

と、自分のグラスを差し出す。

「乾杯！」

こうなれば、言いたいことも身構えずに言える。

③区切りのよいところで「ちょっといいかい」と言葉をはさむ

「ところで、キミにちょっと聞いてほしいことがあるんだけど、いいかい？」

文句を言うのではなく、こちらの言いたいことを聞いてほしいともちかける。

彼女も、なんのことだろうと、聞く気になる。

話し始めて、彼女が、

「うん、だからそれはね、いつも言うように」

と、遮《さえぎ》ろうとしたら、こう言って、押し戻せばよい。

「ひとまず、ぼくの話を聞いてよ」

親しい間柄になればなるほど、人間、安易になる。自分が話せば、相手は聞いてくれるものと、思い込む。そこへ、相手が聞いてくれない、すぐ言い返してくるとなると、面白くなくなり、自分の中に閉じ込もって、自分で言いにくい状況を招いてしまうのだ。

こうした受け身のパターンに陥ると、会話は姿を消し、人間関係に赤信号がともる。

身近な相手こそ、思いどおりにならないものと承知しておこう。

(3)「忙しい」を連発すると会話のチャンスを逃す

変化のスピードが速い時代だけに、気持ちがせき立てられるのか、だれもが忙しい毎日を送っている。職場では合理化やリストラが進んで人員が減る分、一人当たりの仕事量が増えるから、忙しさに拍車がかかる。

とはいえ、仕事に追われっぱなしで、時間的にも心理的にも会話ができない状態では、人間関係の維持も危うくなってくる。折にふれ、機会を捉えて、人と会話をするチャンスをつくるように努めたい。

何気なく顔があったとき、通路でばったり出くわしたとき、喫煙室で隣り合わせた人と……など、会話のチャンスは、だれにでも訪れる。その際、心得ておきたいことが二つある。

①「忙しい」を口にしない

実際に忙しいところへもってきて、ふた言目には「忙しい」を口にするリーダーがいた。部下は、リーダーに話したいことがあっても、

〈忙しいのに悪い〉

と、遠慮してしまう。やがて、部下は上司に話をしなくなり、リーダーと部下の間には会話が途絶えてしまった。

たとえ忙しくても、超多忙といった様子を見せないことだ。なによりも、口ぐせのように、「忙しい」を連発しないこと。この言葉を発するたびに、周囲の人はあなたから遠のき、会話のチャンスが消えていく。

②立ち話でも会話はできる

時間がなくて、会話をしている暇がない、という人がいる。

時間はつくるものだ。時間が足りないと嘆く暇があったら、擦《す》れ違いざまの立ち話でもよいから、会話を交わそう。逆に、たっぷり時間があるからといって、会話ができるとは限らない。苦手意識の強い人は、時間を持て余して、会話の場から降りてしまうからだ。

また、近頃はアルコール・コミュニケーションの機会が減ったので、若い人と会話をすることが少なくなった、とぼやく年輩者がいる。アルコールが入らなければ会話ができないわけでもない。昼休みの少しの時間でも、会話はできるのだ。

「一回の時間は短く、回数は多く」

これが、忙しい時代に、人と会話をするときのコツである。

わずかな時間でも、相手の横に座って、他愛のない話をする。これができる人は、人間関係を良好に保てる人である。

会話がはずむコミュニケーションの三条件

会話は、コミュニケーションの原点といってよい。もっとも端的に、コミュニケーションの特徴が現われるからである。

会話がはずんで、参加している人たちの表情が輝いているとき、コミュニケーションに備わる三つの条件が、十分に満たされているのである。身近な人との会話を楽しくするために、三条件についての留意点にふれておこう。

(1)相互性――会話のキャッチボールを心がける

おしゃべりの人は、親しい人や身近な人間に対して、

「まあ聞けよ」

と、自分だけ一方的にしゃべってしまう傾向がある。相手もおしゃべりで、負けず劣らずしゃべるとなると実ににぎやかになるが、それぞれが勝手にしゃべっ

ているだけで、話は全然かみ合っていなかったりする。

会話は自分だけ楽しむものではなく、相手も楽しませなくてはならない。フランスのモラリスト、ラ・ロシュフコーの『箴言と考察』に、こんな指摘がある。

――話を交わすにあたって、他を楽しませる人がいくらもないのは、めいめいが相手の言うことよりも、自分の言おうとしていることに頭を向けるからでもあり、話がしたくてたまらなくなると、他の言うことなどは、てんで聞き入れようとしないからでもある――

身近な人との会話において、相互性の条件を確保するためには、次の点に気を配るようにするとよい。

①自分ばかりしゃべらない

おしゃべりの人にとっては、つらい心得だが、自分が四割しゃべり、相手に六割しゃべってもらうつもりでいると、ちょうどよい。

②自分のことばかり話題にしない

あなたが自分のことを話したいように、相手も自分のことを話したいのだ。相互のやりとりにするには、相手の話題にも耳を傾けよう。相手は自分にないものを持っている。相手の口から、興味深い話が飛び出すかもしれないのだ。

③話しながら、相手の反応に気を配る

話に夢中になっていると、うっかりして相手を傷つける言葉を発していることもある。話しながら、相手の反応に気を配っていれば、早くそれに気づくことができて、

「何か気にさわったことを言ってたみたいでごめん」

と、フィードバックが可能になる。

(2)水平性――同じ背丈でのやりとりが大事

コミュニケーションのやりとりにおいて、人はだれもが対等であり、上も下もない。

- 威張る
- 卑屈になる
- 過度に謙遜する

などの態度が持ち込まれると、会話はぎこちないものになる。

そこで、以下の点に注意しよう。

①威張った態度でものを言わないこと

両手を後ろに組んでそっくり返ってものを言ったり、あごを出し、見下すような格好で話す人がいる。相手を下に見る心が態度に出てしまっているのだ。

②説教口調にならないこと

説教とは過去の経験の押しつけであり、

「おまえは何もわかっていない」

という、一段上からの決めつけである。

上の人、年輩者は、下の者、若い人は自分の言うことに従って当然という風潮がいまだに根強い。そのため、違った意見が出されると、〈生意気な〉とばかり、

「何もわかってないな。世の中、そんな甘いものではない」

と、お説教が始まるのである。

これまで、わが国ではタテの序列が人々の生活を支配していた。職場も、年功序列制度ができ上っていて、人を見ると、瞬時に上か下かを見分け、言葉使いも態度も変えていた。

民主主義の世の中で、人はみな、対等であり平等である。また、労働市場の流動化によって、年功序列制度もいまや姿を消した。年下の上司、年上の部下も、いまでは決して珍しくない。水平のコミュニケーションが実現できる状況が訪れたのである。

③対等な会話を通じて、つながりを強める

押しつけでなく、話し合いで、上司が部下に、自分の考えをわかってもらおうと、角度を変えたり、エピソードを交えたり、部下の質問に誠実に答えたりしている。その結果、

「わかりました」

「そうか、わかってくれたか」

「ええ。そういうことでしたら、わたしにも手伝わせてください」

「ありがとう。よろしく頼むよ」

職場で、こんなシーンを見かける。わからなかったことを、精一杯話をしてわからせてくれた上司を、部下は尊敬し、信頼するだろう。

親子の関係も、このようでありたい。

戦後日本では、話のわかる上司、友だちのような父親が登場したが、尊敬され、信頼される存在にまではならなかった。単に、フレンドリーな関係だけが目立った。

何が欠けていたか。話し合いや会話の精神が足りなかったのだと、わたしは思う。すなわち、お互いに、相手を理解し尊重する態度が不足していたのだ。

上下意識が抜け切れず、お互いを対等な人間として認識し、理解し、尊重する態度が身についていないで、表向き友だちのような関係になっていたために、尊敬し、信頼する関係にいたらなかったのだ。

会話の積み重ねによって、水平性の条件を満たすことで、お互いの絆《きずな》を強めていきたいものである。

④敬語を使って話せば上位者とも対等に話せる

子供の頃からコンピューターに馴れ親しんでいるいまの若い人は、パソコン、電子メールなどを駆《く》使《し》する能力は年輩者より高い。パソコンなどによる情報入手も、ずっと上手にやれるから、上司より部下のほうが情報に精通しているケースも珍しくない。

上司からすれば、頭を下げて部下から情報をもらったり、パソコン操作のテクニックを教わらなくてはならないこともある。

気軽に、「ちょっと教えてもらえるかなあ」と、言える上司でも、受け答えする部下の態度やものの言い方には、ナーバスになっている。

〈そんなこともわかんないの〉という態度を見せたり、「ああ、それね」と敬語抜きで答えたりすれば、内心、決して愉快ではない。

敬語は地位や年齢の差を埋めて、対等に話すための言葉である。たとえ、相手が部下でも、年が上の人なら、「よろしく」ではなく、「よろしくお願いします」と言うことで、水平性が保てるのである。

若い人同士なら、「やっぱ」「いまいち」「言えてる」などの言葉はノリがいいだろうが、年輩者に用いると、相手は違和感を覚える。「やはり」「もう一歩」「○○さんのいうとおりです」ぐらいの表現にしたほうが、会話のやりとりはスムーズにいく。

(3)対面性——思いがけなさが会話のいのち

会話が苦手という場合の原因の一つに、「人に会うのが億劫《おっくう》」、つまり、気が重いというのがあげられる。なぜ気が重いかといえば、相手に面と向かって会わなければならないからだ。

目前の相手とは、生身の人間であり、クセもあり、考えも違い、虫の好かない人もいる。

一方、電子メールは画面によるやりとりだから、生身の人間の存在という、うっとうしさがない。便利さも手伝って、メールによるやりとりは活発である。

もっとも、メールコミュニケーションを頻繁に行なう人ほど、人づきあいは上手という調査結果もあるそうで、人と会話ができないからメールに頼っているとも限らないようだ。ケータイのメールなどは、むしろ人とコミュニケーションをとりたがっている人ほど、よく使う。ただ、メールより対面のほうが複雑で変化に富んでいることは間違いない。

対面コミュニケーションは、相手の生の声にふれ、言葉を聞き、目前の顔色を見、何を言いたがっているか、どう思っているかを読みとって、その場その場で臨機応変に応えていくところに特徴がある。

相手がどんな出方をするかは、話してみなければわからない。会話は筋書きのないドラマである。相手の思いがけない出方に接して、戸惑う面がある反面、刺激されて、こちらも思いがけない発想が閃《ひらめ》いたりする。

親しい仲間と一杯飲んで話しているうちに、会話がはずんで、お互い、〈オレって、わたしって、なんていいことを言ってるんだろう〉と思って、軽い興奮を覚える。こうした楽しさは、対面コミュニケーションだから味わえるものである。

人と会話をして、自分の話が相手にどんな反応を起こさせるかで、人間は自分を知ることもできる。

会話において、対面性の条件を生かすにはどうするか。

①先入観、思い込みにとらわれない

頭の切れる人だから、うっかりしたことは言えないと、会話をする前から先入観にとらわれてしまっては、伸び伸び話ができなくなる。

話しにくいと思っていた相手が、意外にも気さくで、楽しく会話ができたという場合も少なくない。

②相手の目を見て、明るい表情で、話したり、聞いたりする

お互い、目の前の相手に見られている。会話上手の人は、「見られている」という意識から「見せる」方向に、自分をもっていく。

キョロキョロしたり、気難しい表情でいるのでは、相手も居心地が悪くなり、会話は停滞する。

声をかけられても、下を向いてボソッと言葉を返すだけで、パソコンに向かう。これでは、会話にならない。相手を見て、明るい表情で、「お早ようございます」。これでこそ、対面性の条件が生きるのである。

「物理的な距離」と「心の距離」とは？

距離については、二つに分けて考えてみよう。すなわち、「物理的な距離」と「心の距離」である。

(1)相手との間の物理的な距離

会話における「空間」について、三点に要約しよう。

①距離……親しくなるにつれ、「親密距離」に移行する

相手との間に、物理的空間をどれくらいおいて話すかの問題である。身近な人との間では、「親密距離」といって、腕を伸ばした指の先あたりまでの距離がよいとされている。これ以上離れると、よそよそしい感じを与える。

「あなたって、他人行儀なところがあるね」

こう言われたことのある人は、一度、距離について振り返ってみてはどうか。逆に、初対面の人との会話で、相手に近づきすぎると、「馴れ馴れしい」と、イヤがられる。初対面の場合は、一メートルを目安にするとよい。

②位置……人と話すとき、どの位置に立つ（または座る）か

●正面
●斜め
●横に並ぶ

男性同士では、正面に向き合うのが普通だろう。女性たちは、むしろ横に並ぶことが多い。相手が異性の場合はどうするか。それほど親しくない女性の横に男性が並んで話すのでは、抵抗を感じる女性も多いだろう。女性が男性と話す場合、真正面よりは、斜めの位置のほうが、親密感が増す。

③場所……会話をするときは、できる限り、くつろげる場所がよい

とはいえ、場所にこだわっていると、会話のチャンスを失うことにもなりかねない。

職場なら、立ち話でもよいだろう。デートとなれば、場所選びは重要な条件の一つになる。会話に自信のないうちは、自分がよく馴染んだ、話しやすい場所を選ぶことである。自分に余裕がある分、相手をくつろがせるなどの配慮ができるからだ。

(2)心の距離のとり方――つかず離れず、会話上手になるには

相手に、根掘り葉掘り質問する人がいる。職場の女性に対して、

「昨日はまっすぐ帰ったの？」

「早く家に帰ったときは何してるの？」

「顔色よくないみたいだけど、何かあったのかい？」

こんな質問を発する男性は、「うるさい人」と、嫌われる。相手に立ち入りすぎるからだ。

先輩、上司が若い人を相手に、

「キミ、コンビニの弁当ばかり食べてたんじゃ、栄養が片寄るぞ」

「いい若い者が青白い、神経質そうな顔をしてるのはよくない」

「早く結婚すべきだよ。わたしが紹介するから、一度会ってみないか」

若い人からすれば、〝よけいなお世話〟であり、私生活への干渉はやめてほしいと、心を閉ざして、以後の会話では沈黙してしまうかもしれない。

毎日顔を合わせて一緒に仕事をしている仲間、夫婦・親子・兄弟などの家族、結婚したいと思ってつきあっている二人など、それぞれの関係において、どこまで相手の心に近づくか、近づいて踏み込むか。

①立ち入った詮索《せんさく》、干渉はしないこと

子供の頃、ぼんやりしていると、母親から、

「どうしたの？」

うろうろすると、

「なに探してるの？」

出かけようとすると、

「どこへ行くの？　いつ帰ってくるの？」

いちいち、詮索されて、

「うるさいな、放っといてよ」

と、腹が立った覚えがだれにもあるだろう。

いまの若い人は、一人っ子が多く、親にかまわれすぎて、特に、うるさく言われるのを嫌う。先輩が、

「どうしたんだ？」

「元気を出せ、元気を」

「毎日、まっすぐ帰っているのか？」

などと、詮索、干渉してくると、よけい疲れてしまう。

この傾向は現代人全般にも広がっているので、次のような会話はタブーにした

ほうがよい。心の中に、土足で踏み入ることになるからである。

「どうしたの？　悲しそうな顔をして」

「何かあったのか？」

「彼女とうまくいってないのか？」

いちいち立ち入るのではなく、そっとしておく、あるいは、軽くふれるにとどめる。

「元気ないみたいだけど」

「残業が続いて、忙しいの？」

「大変だね」

この程度にして、あとは相手が話してくるのを待つか、他に話題を移して、会話を続けるのである。

②半クエスチョン話法

近頃、はっきり言い切らない話し方が多くなった。断定しないで、半分相手にあずけるのが特徴だ。

先日、電車の中で、若い二人の次のようなやりとりを耳にした。

「年俸制？　だんだん増えてるみたいだね」

「プロ野球の選手とかばかりじゃなくて」

「うん、サラリーマンも年俸制にだんだん変わっていくかもね」

「そうなんだ」

「でも、評価基準？　あれって、公正なのかなって、気になるけどね」

この会話の中に出てくる、「年俸制？」「みたい」「そうなんだ」は、はっきり言い切らない話し方の代表といえるだろう。

「？」は、半分は問いかけでありコミュニケーションであるが、半分は独り言である。

「みたい」も、まわりの様子をうかがいながら、自分の意見として言い切るのを避けている。

「そうなんだ」は、「なるほど」と納得し、同時に、「キミがそう言うんだからそのとおりなんだろう」と、判断を半分相手にあずけている。

すべて、半分だけのコミュニケーションにとどめて、相手の領域に入らない配慮と、相手から反論された場合、自分を守るための防御の姿勢がそこにはうかがわれる。若い人を中心に、いつともなく発生し拡がった会話といえる。

③ヤマアラシのジレンマ

たとえば、次のやりとりをあなたはどう思うだろうか。

「お、コンビニの弁当だね」

「ええ。手頃なんで、近頃よく食べますね」

「味もよくなっているようだしね」

「独身の気軽さで、家に帰っても、冷蔵庫に出来合いのものを入れておいて、それですませますね、たいていは」

「わたしも、独身の頃はそうだったな。でも、栄養が片寄るんだろうね。結婚したら、えらく太ったよ」

相手に近づきながら、その領域にいきなり踏み込んだりせず、さり気なく、〈キミもそろそろ結婚したほうがよい〉
とのメッセージを伝えているのである。

上司にしても、単刀直入に言いたいところを、差し出がましくならないように、注意深く話している。若い人との会話では必要なことでもあるが、メッセージが伝わったかどうか、はっきりしないもどかしさが残る。

「ヤマアラシのジレンマ」という、たとえ話がある。

ヤマアラシは体に針状のかたい毛がいっぱい生えている。寒いとき、温め合おうと近づくのだが、近づきすぎると、針で相手を刺してしまったり、こちらも相手の針で刺されてしまう。それを恐れて、近づかないと、温め合うことができない。まさに、ジレンマに陥る。

人との会話も、距離を置きすぎれば、心がふれ合わない。冷えた関係のままになる。近づきすぎると、互いの心が傷つく。お互い、なんとかギリギリのところまで接近しようと、工夫し知恵を絞る。

だが、いまのわたしたちは、傷つけるのを恐れるあまり、距離を置きすぎていないだろうか。

④本当のやさしさとは

「やさしさ」とは、お互いに相手を傷つけないように気を配ることだ、と言われている。人の気持ちにすぐ立ち入るのは「無神経な人」で、やさしさのない人である、と。

概して、いまの若い人は、人の心を傷つけないようにと、驚くほど気を使う。相手に、「イヤな思いをさせたくない」「心配をかけたくない」「傷つけたくない」と思うあまり、身近な人にさえ、

「本心を話さない」

「相談しない」

「愚痴を言わない」

と言われる。

でも、これが本当のやさしさなのだろうか。「イヤな思いをさせたくない」「傷つけたくない」は、実は自分が「悪く思われたくない」「傷つきたくない」「仲間外れにされたくない」からではないか。

人間の生活には、自分が傷ついても、相手のために本当に必要なことなら、あえて踏み込んで指摘するという局面もなくてはなるまい。その結果、関係がこわれるか、深まるかは、話してみなければわからない。

本当のやさしさとは、ふれないでそっとしておくことばかりではない。相手にとって必要なことなら、自分が傷つくのを覚悟の上で発言する態度も必要ではなかろうか。

人間関係を〝修復する〟ための会話

夕飯の支度をしている妻の髪の毛に、白いものが目についた。夫はなんの気なしに呟《つぶや》いた。

「おまえもお婆ちゃんになっちゃったな」

このひと言に妻は、

「だれがそうさせたんですか！」

と怒り出し、

「なんだその言い方は！」

と、夫も大声を出し、たちまちケンカになった。翌朝になっても、夫婦の間に会話はない。

若いシステムエンジニアが、

「頼みにくい相手にはメールで頼めばいいよ」

と、同僚に話しているのを耳にした先輩は、彼に強い言い方で注意した。

「頼みにくい、厄介な相手にメールで頼んだなら、簡単に断わられる。そんなこともわからないのか。いったい、何を考えて仕事をしているんだ」

周囲に同僚がいる前で、厳しく叱った。彼は黙りこくり、以来、口をきこうとしない。

この関係をどう修復するか。

(1) 自分から朝一番で詫びる

昨晩、夫婦で激しく言い合っても、翌朝目が覚めたら、

「昨日はオレも言いすぎた、悪かった」

と、先に詫《わ》びておくことだ。相手は、

「そうよ、あんなことまで言われたら、だれだって腹が立つわよ」

と、まだ不機嫌だったとしても、

「まだそんなことを言ってる。おまえがそういう態度だから、オレだっていろいろ言いたくなるんだ」

などと言い返しては、元に戻るだけだ。

「オレもいつもあんなふうじゃない。昨夜は疲れてたんだ。悪かった」

と、答えて、

「じゃ、行ってくるよ」

と、家を出ればよい。

そう、あなたはいつもは、明るくて楽しい人なのだ。

(2)早い時期に率直に話し合う

「頼みにくい相手にはメールを使えばよい」と言った部下を強く叱ったのは、以前から彼が事あるごとにメールを使っていたことがひっかかっていたからであった。

できるだけ早い時期に時間をとり、みんなの前で叱ったことをまず詫びて、次に、

「前々からキミと話し合いたいと思っていたんだ」

と前置きして、メールの功罪について、十分に話し合っておくとよい。

「確かにメールは便利だからね。オレだって、つい、なんにでも使いたくなるけど、メール以外にも、いろいろコミュニケーションの方法はあるんだよね」

できるだけ、率直に話してみることである。

(3) 関係の修復は自分から

「あなたが○○してくれたら」と、相手が先に態度を変えてくれたら、こちらも考える。このように、まず相手に求める人が少なくない。これでは、一向に関係はよくならない。

関係修復のために、
〈自分に何ができるか〉
〈自分は何をすべきか〉
と考えて、自分からできることを実行に移すのが先決である。
人間関係の原則は、
"自分が変われば相手も変わる"
である。
自分が変わるためには、何かきっかけがいる。

職場が変わる、仕事の担当が変わる、新しい人が配属されるなど、周囲の環境の変化を一つのきっかけにすることもできる。

きっかけづくりのもう一点として、新しいことを始めてみるのもよい。「朝、三十分早く起きる」「週に一冊本を読む」「英会話の勉強を始める」……など、なんでもよい。

自分が変わるきっかけになること、間違いない。

第4章

「話す力」は「聞く技術」で磨かれる

▼聞きながら相手をリードする方法

「聞く」ことは「話す」ことである

会話が苦手、自信がないという人は、いかに、うまくしゃべるか、気の利いた話をするかにとらわれている場合が多い。

話し方のセミナーでは、それぞれのグループ内でスピーチをすることがある。自分の順番を待っている間、他のメンバーのスピーチを聞いていない人がいる。自分がどう話すかに心を奪われて、他人の話が聞けないのである。その結果、スピーチも中途半端な内容に終わる。

余裕のある人は、メンバーの話を熱心に聞いている。聞いた話の中からヒントを得て、自分のスピーチに生かすので、場に合った話ができる。

会話もまったく同じで、よく聞いていると、話がしやすくなる。

「聞く」というと、〈聞くのなら簡単だ〉という思いが、心の底にないだろうか。聞くことを軽視すると、話すとき、ツケが廻ってくる。聞けなければ、話せないからである。

(1)「聞く」のも表現である

聞くのは簡単と考える人が多いのは、〈黙って聞いていればいい〉という、受け身の姿が浮かぶからだろう。

「聞く」もコミュニケーションである。当然ながら、目の前に、相手がいる。無表情、無反応で聞いていて、〈自分はちゃんと聞いている〉と思うのは、相手を考えない、独りよがりな聞き方なのである。

自分は聞いているつもりでも、聞いていることが相手に伝わらなくては、聞いているとは言えないのだ。

「ほら、このとおり、わたしはあなたの話を聞いていますよ」と、聞いていることを表現してこそ、「聞く」というコミュニケーションが成り立つ。

すなわち、聞くのは表現であり、話すことなのである。「聞く」は、こうした認識をしっかり持つことからスタートする。

「話す」の反対語は？　と問いかけると、たいていの人が「聞く」と答える。この答えは誤りである。話すと聞くは、反対の関係にあるのではなく、一対の関係で結ばれる。

第一に、人は聞きながら、同時に話しているのである。表情で、頷《うなず》きで、あいづちを打って表現をしている。反応を示さず、自分の中に閉じ込もって、発信をキャッチするだけの人は、聞くというコミュニケーションができていないのだ。この点に気づいていない人が多い。だから、こんなふうに催促されるのだ。

「ね、聞いているの？　なんとか言ってよ」

第二に、話しながら同時に聞いている。

よくしゃべる人でも、相手の反応に敏感で、臨機応変に聞き役に廻るタイプは、会話上手である。このタイプの人は、話しながら相手の反応を確かめ、目線の動き、表情の変化、口元の様子などに注意を払って、いわゆる「声なき声」を「聞いている」のだ。

だから、話したそうな様子を見てとると、すぐに、相手に、

「キミの話す番だよ」

と、促すことができる。

ここでも、話が聞けない人は、自分ひとりでしゃべり続ける。こういう人に限って、

「わたしは話すのは好きですね」

「話で困るということは何もありません」

などと、得意になるが、一方的なおしゃべりはできても、「聞く」がお留守になっている。

会話は、話す、聞くのキャッチボールだから、話す、聞くの交代がタイミングよく行なわれることで、発展していくのである。それには、「話しながら聞き」

「聞きながら話す」が、同時に行なわれるのが望ましい。

(2)「聞き手」が「話し手」を変える

「聞く」は、話し手の発信を受けてそれを聞くという性質上、「受け身」に捉えられやすい。ところが、「聞く」はそれを通して、話し手の発信に、強い影響を及ぼすのであって、聞くこと自体、「受け身」でなく「能動」なのである。

「落語家殺すにゃ刃物はいらない。あくびの一つもすればいい」

これは、聞くが受け身どころか、強い影響力を持っていることを示す言葉である。聞き方しだいで、人を生かしも殺しもすることに、注目すべきである。

①聞き上手が話しベタを変える

土曜日の午後に開催している「話し方講座」に参加した、Nさんの話を紹介しよう。

彼女は、会話もスピーチも苦手で、それが長年の悩みだった。なんとか悩みを解消したいと思っていたところ、たまたまわたしの書いた本を読んで、話し方講座を受講しようと決心した。そして、四国の高知県から、はるばる東京まで、やってきたのだった。

話し方講座は二回で一コースが終了する。彼女は、土曜日にわざわざ高知から上京して、話し方の勉強をした。その結果、〈わたしの話でも、聞いてもらえる〉との自信を得て、生き生きした表情で話ができるようになった。

それまでの彼女は、自分が話しても、だれも聞いてくれないという思いにとらわれて、話すことに自信が持てなかった。

たとえば、彼女が話し出すと、相手が下を向く。偶然下を向いたのかもしれないのに、〈ああ、やっぱりわたしの話はつまらないんだ〉と思ってしまって、しどろもどろになる。

職場に新しく入った人の歓迎会で、彼女のしゃべる番になって、話し始める。そこへ料理が運ばれてきて、人々の気が散り始めると、とたんにソワソワして、言葉がつかえてしまう。人々の気が散ったのは、彼女の話の上手、下手に無関係なのに、〈ああ、やっぱり、わたしが話すと……〉と、自信のなさを上塗りしてしまうのだ。

何かあるたびに、自信のなさを自覚して、〈どうせわたしが話したってだれも聞いてくれない〉というのが、これまでの彼女の胸の内だった。

ところが、話し方講座では、彼女が話すとみんな熱心に聞いてくれる。スピーチの番になると、前に出ていく彼女に拍手が送られる。彼女の話に対して、全員がにこやかな表情で、あいづちを打ちながら聞いてくれる。

彼女の心の中に、〈わたしの話でも聞いてもらえる〉との思いが、徐々に育ち始めた。

一回目が終わって、二回目の参加が彼女には楽しみになった。話すことにまったく自信のなかった彼女だが、少しずつ自信が持てるようになった。

二回目の最後に、

「この講座では、みなさんが熱心に聞いてくれるので、わたしの話でも聞いてもらえるのだと、自信を得ました。みなさんのおかげです」

と、述べた。

Ｎさんの体験を通じて言えるのは、

「聞き上手が話し手を育てる」

という事実である。

②子供の話に耳を傾けることの大事さ

子供たちが、小学校の低学年ぐらいまでの間に、親から熱心に話を聞いてもらえると、

〈自分は親から大切にされている〉

〈自分は親に愛されている〉

〈自分が話せば聞いてもらえる〉

との思いが心の中に定着して、肯定的な自我像を持てるようになる。このことは以後の人生に、大きなプラスとなる。

子供が話しても、親が、

「うるさいね、いま忙しいんだから」

と、耳を貸さなかったり、

「なに言ってるの、馬鹿なことを言うもんじゃないよ、だいたいおまえはね……」

三言も四言も、非難の言葉を浴びせられれば、〈話しても聞いてもらえない〉との思いが生まれ、大きくなったとき、大人への警戒心、不信感となって現われる。

若い人が、年輩者に近づこうとしない背景には、小さいときに話を聞いてもらえなかった経験が尾を引いている、とも言えるのだ。

話を聞くということは、こんなにも大きな影響を相手に与える。にもかかわらず、この点について、自覚している人は少ない。「聞く」が持つ大きな力に気がつかない人が多い結果、日本には聞きベタが多い。そのため、話しベタが増える。

つまり、聞きベタが話しベタをつくるのである。

あなたが聞き上手になると、まわりの人はその分、話し上手になれるのだ。

③ミーティングで発言が出ないのは？

会議やミーティングを開いても、メンバーがさっぱり発言しないとぼやくリーダーがいる。発言しないのには、なんらかの理由があるはずだ。ここで考えてみたいのは、リーダーの聞き方である。

メンバーの様子をよく観察して、何か言いたそうなメンバーを見てとり、気軽な口調で、

「どう、なにかひと言」

と、発言を促す。

メンバーが話し始めたら、頷いて熱心に聞く。同時に、その発言を聞いている他のメンバーの動きにも気を配る。リーダーが聞き上手になって、メンバーの発言の促し役をつとめれば、やがて発言も増えてくる。

あなたが、ミーティングのリーダー役になったとき、試みてほしいことである。

④よく聞けば自分の話も聞いてもらえる

よい聞き手になって、相手の話を聞いてばかりいたのでは、自分の言いたいことが言えないのではないか。こっちにだって言いたいことがある。どうすればよいか。

第一は、相手の言い分を先に聞くことである。言いたいことがあると、先を争って、

「まあ待て、オレの話を聞け」

と、相手を黙らせようとする人が多い。これでは、黙って聞かされるほうは不満がつのり、聞いている振りをしながら、自分が話す機会をうかがうことになる。

自分の言いたいことを聞いてもらう一番賢明な方法は、先に相手の話を聞くことである。相手にしてみれば、自分の話を熱心に聞いてもらえるわけだから、話し終われば、今度はあなたの話を熱心に聞いて、お返しをしようと思うのは自然な心の動きであろう。

「お先にどうぞ」

と、相手に譲る。

「聞くというのはお金のかからない譲歩だ」と言った人がいる。こちらの譲歩が相手の譲歩を生むことを知っておこう。

第二に、世の中には、際限なくしゃべる相手もいるから、そのときは、会話を打ち切るか、聞き役に徹してみるか、あなたの判断で決めるのがよい。

ただ、聞くといっても、「ハイ、ハイ」と従っているだけでは、〈彼はハイハイ虫だ〉と、みくびられ、おしゃべりの人間に、利用される。聞きながら、

「こういうことですね」

と、念を押したり、

「この点はどうなりますか？」

と、質問をはさんでみたり、

「わたしはこう思います」

と、短く、自分の意見を加えてみるなどして、聞きながら会話をリードしていけば、相手は満足して、こちらにも一目置くようになる。

(3)「会話の順番取りシステム」とは?

何人かで会話をしている場合、発言は一見無秩序に行なわれているように見える。だが、実際のやりとりは、発言の順番において、ある規則性が働いている。

これを会話の「順番取りシステム」という。

Aが発言しているとき、他のメンバーはAの発言がどのあたりで終わるか(「潜在的完結点」と呼ぶ)を、さり気なく予測している。そして、次に話すのはだれかを考えながら、会話に参加しているのである。

Aの話がそろそろ潜在的完結点に近づくとみるや、次に話したいと思う者は、体を乗り出すか、「そう、そう」と頷いたりして、〈次はわたしよ〉と合図する。話し手がこれに気づいて、その人にバトンタッチすれば、順番はスムーズに流れていく。

メンバーの中のだれかが仲介役になって、次の順番を指定する場合もある。

「B君なんか、世代的に近いから、いまのAさんの話、ピンとくるところがあるんじゃないの?」

◉会話の順番取りシステムをうまく機能させる

① 現在の話し手の話をよく聞く
⇩
② 会話の流れを読みとって、自分の順番を決める
⇩
③ 話が潜在的完結点に近づく
⇩
④ 次に話そうとする人が、それとなく合図をする
⇩
⑤ 会話がＡ→Ｂにバトンタッチされる
⇩
⑥ 話の途中で割り込む場合は「ちょっといいですか」とひと言断わる
⇩
⑦ 沈黙が訪れたときは、他の人に話をふるか、自分が話し手の役を引き受ける

Ｂが促されて、

「そうですね、ぼくも……」

と、話し始めれば、再び次の順番取りシステムが動き出す。


問題なのは、Ａが話し終わったとき、次に話す人が現われないときである。

●Ａが次の発言者を選択する

●仲介者が現われて、次の者を選ぶ

●沈黙状態が続く

沈黙が十秒以上続くと、気まずい空気が流れて、再び、Ａが話を引き継ぐケースが多い。このパターンが繰り返されると、Ａのみがしゃべり、他のメンバーは無気力に黙り込んでしまう。

すなわち、会話の順番取りシステムが機能しなくなってしまうのだ。

会話の順番取りシステムをスムーズに機能させるには、会話に参加するめいめいが、聞き上手になって、次の発言を巡って、自分の役割を見極める必要がある。

会話を活発にする上で、会話の順番取りシステムは重要な役割を果たすが、ここでも、聞き手の活躍が期待されるのである。

それでも会話のやりとりの中で、相手の話を遮《さえぎ》って（順番を無視して）、割り込みをしたくなるときがある。

●いいアイデアが閃いて、話したくてたまらなくなる

●話し手の話が長々と続いて、いい加減にやめてほしい

●急に腹が立って黙っていられなくなる

右の場合でも、いきなりの割り込みは、ルール違反である。割り込む場合、

「いま急に、いいアイデアが浮かんだんだ。途中で悪いけど、話させてくれないか」

「ちょっといいですか、わたしの話を聞いてもらいたいんですが……」

「突然なんだけど、黙っていられなくなって」

などと、自分の順番を認めてもらえるような前置きをした上で、言いたいことを言えば、順番取りシステムを混乱させないですむのである。

会話は割り込みがあったほうが、意外性や新たな展開が楽しめる。その際、順番取りシステムを頭に置くことは、相手を考える態度を養ってくれ、とりもなおさず、聞き上手への道を歩むことにも通じる。

会話を楽しくする「聞き方」の秘訣

聞くのにも、相手がいる。聞く側にまわって話し手を楽しくさせてくれるのが聞き上手である。

話し方研究所の講師の人たちが、夏の講師勉強会を富士五湖の一つ「精進湖」で開催したときのこと。クルマに分乗して目的地に向かう途中、河口湖をすぎて五、六分した頃、右手に広々と草の生えた地面が見えた。一人が、

「あれは牧草ですかね」

と言ったのを受けて、わたしがひと言。

「ぼくもそう思う」

「さえてる！」

女性講師が明るく応じてくれて、狭いクルマの中に笑いが起こった。

こんなとき、

「さむい」

なんて言われると、明るい笑いは起こらないだろう。

会話が楽しくなるのは、駄洒落《だじゃれ》のよしあしでなく、聞き手の応じ方による。つまらないわたしの洒落は、「さえてる！」と応じてくれた、聞き手によって生かされたのだ。

以下に、会話を楽しくする聞き方のポイントをいくつかあげてみよう。

(1)リラックスして心を開いて聞く

話そうとすると、聞き手が改まって、姿勢を正す。これから説教を始めるのならともかく、相手に改まられると、話し手まで窮屈になって、話しにくいものである。国民的俳優であった渥美清さんのような、気取らない、あたたかい雰囲気があれば最高だろう。

山田洋次監督が、面白い話を仕入れたので、

――それを渥美さんに聞いてもらおうと近づいていくと、わたしが何も話さない内から、もう笑っているんですよ。

『どうしたんですか、わたしはまだ何も言ってないんですが』

『だって、面白い話を聞かせてくれるんでしょう』

これで、二人とも、アハハハと笑い出してしまうんです。まわりが不思議そうにキョトンとして――

これとは反対に、面白い話をしても、つまらなそうに聞く人もいる。

リラックスして聞くとは、相手の話を聞くのが楽しみという表情で、心を開い

て聞く態度をいう。具体的には、

- 身構えがない
- すぐ反応する
- 一緒になって笑う

などの姿として、現われる。

(2)あいづちの打ち方に変化をつける

話を聞きながら、時折首をタテにふって無言で頷く人がいる。聞くほうはわかって聞いているのだろうが、話し手としては、できればもっと合の手がほしい。

声に出して、

「わかりました」

「なるほど」

「そうですか」

などの、あいづちを打って聞いてくれれば、いっそう話す張り合いが出る。あいづちは、「相槌」と書くが、話し手の話に応じて聞き手側から発する合の手といってよい。

①あいづちの種類

話の内容に応じて、いろいろなあいづちがあるが、代表的なものを、五つあげておく。

●同意のあいづち

もっとも多く用いられ、内容を理解したり同意したことを示す「あいづち」。

「わかった」
「そうか、そういうことか」
「なるほど」
「まったくね」
「そう、そう」

「確かにね」

「そのとおりですね」

「ごもっともです」

「わたしもそう思います」

などが、普段よく使われる。

●共感のあいづち
「へえ」

「ほお」

「そんなこともあるんですね」

「驚きましたね」

「大変だったでしょう」

「本当にそうだね」

「わかるな、そういうことってあるんだよ」

◉あいづちにも種類がある

① 同意のあいづち
「そうですね」「なるほど」「ごもっとも」

② 共感のあいづち
「ほう」「驚きましたね」「大変だったでしょう」

③ 促進するあいづち
「それから」「それで」「その先を聞きたいですね」

④ 整理するあいづち
「ひと言でいうと、こういうことですね」

「つまり、これとこれということですね」

⑤ 軽い驚きのあいづち
「へぇ！」「知らなかった」「びっくりするなあ」


「だから、世の中って、面白いんでしょうね」

「同感ですね」

など、同感・共感を示すあいづち。

ただし、感情を込めないと、言葉が浮いてしまう。心を込めて、表情をまじえて発することだ。

●促進するあいづち

「それから」

「それで」

「そのあとはどうなったんですか？」

「その先を聞きたいですね」

「ほかにどんな話が出たんですかね」

「よかったというのは、たとえばどんな点で、ですか？」

話がとぎれたときに、先に促すあいづちとしては、

「それからどうしたの？」

が代表的なあいづちで、むしろ相手から話を引き出す「質問」に近い。

●整理するあいづち

相手の話が要領を得ない場合、ポイントを整理したり、順序を入れ換える、組み換えるなどして聞くと、何を言いたいかが見えてくる。そこで、

「ひと言でいうと、こういうことですね」

「つまり、これとこれが言いたいわけでしょう？」

「結局、機械は人間を超えるということですか？」

などのあいづちを打って、要点を整理する。

話し手にすれば、自分の言いたいことを整理してもらえて、

「そう、それが言いたかったんですよ」

と、すっきりした気分になって、話を先にすすめることができる。

●軽い驚きのあいづち

「知らなかった」

「本当ですか」

「ビックリするなあ」

「まさか?!」


若い人がよく使う「マジで?」「マジッすか」なども、驚きのあいづちに入る。話し手からすれば、聞き手から驚きのあいづちが返ってくるのは嬉しいものである。また、人の話を驚きをもって聞けるのは、心が若い証拠といえる。若さは一日何回驚くかで、はかることができる。

②こんなあいづちは、気分をこわし、会話をつまらなくさせる

あいづちは、聞き手が話し手をさり気なくリードして、会話を楽しくするための便利な道具である。上手に使えば会話が楽しくなるが、使い方を間違えると、気分がこわれる。

「おっしゃるとおりです」

「よくおわかりですね」

「そうだよ」

この三つのあいづちは、要注意である。

いかにも自分はなんでも知っているぞ、と言いたげな顔つきで、このあいづちを打たれると、心にひっかかるものを感じる。言葉は丁寧だが、見下すような態度があって、コミュニケーションの水平性に欠けるからだ。

「よくご存じですね」

販売員がお客の話を聞きながら、

「おっしゃるとおりです」

を、何度も繰り返した。お客が怒り出したのは、馬鹿にされたように感じたからである。

新しい情報を持ち出して、話し手が得意そうに話し出すと、

「そうだよ」

と、わたしだってそんなことよくわかっていると言わんばかりに、こんなあいづちを打つ人がいる。

「そうだよ、知ってるよ。それがどうしたの」

と言われているみたいで、会話はつまらなくなる。

「へえ、そうなの」

と、軽い驚きのあいづちがほしいところだ。

(3)相手の話を横どりしない

話したり、聞いたりが相互に行なわれるように会話を導いていけるのが、聞き上手である。とはいえ、特別、難しいことでもない。相手に興味と関心を持って、相手中心に話のやりとりを進めればよいのである。

ある集まりで、明るくて好感のもてる女性を見かけた。

気軽に話しかけてみた。

「明るい方ですね」

彼女はにこやかに答えた。

「明るいところで生まれましたから」

「明るいところで？」

「はい、宮崎県出身なんです」

「なるほど、宮崎ですか」

「ええ、そうです」

「宮崎出身の知人がいるんですが、彼は黒木と言います」

「わたしも結婚する前は、黒木でした」

「あなたも黒木さん……」

「宮崎には黒木っていう姓が多いんです。いまは、結婚して彼の姓を名のっています。林と言います」

「わたしは福田です」

「夫は宮崎ではなく、山梨県の出身です」

「へえ、偶然ですね。わたしも山梨ですよ。山梨はどのあたりですか？」

「富士吉田です。宮崎と比べたら寒いところですね。福田さんは山梨の……」

「甲府です。盆地で、冬寒くて、夏は暑いところですよ」

「林という姓は山梨に多いんですか？」

「さあ、どうでしょう。そう言えば小説家の林真理子さんも山梨の人です」

「知らなかった。わたし、林真理子さんの小説が好きで、何冊も読んでいます」

「どんなところがいいんですか？」

「そうですね……」

彼女との会話は、この後、さらに続いて、立ち話だったのに二十分ぐらい話した。

会話が楽しく展開したのは、主に彼女のことを話題にして、わたしが話を横取りしなかったからであろう。

最初は聞き役に廻っても、すぐに相手の話をとって、自分のことを話し出す人がいる。

先の例でも、わたしが話を横取りしたらどうなるか。

「わたしも結婚する前は黒木でした」

と、彼女が言い、わたしが、

「あなたも黒木さん」

と言ったあと、

「宮崎には黒木さんって姓が多いんですよね。宮崎の焼酎で『百年の孤独』っていうのがありますが、それをつくっているのも、黒木本店と言うんです」

こんなふうに話を横取りしたら、いつの間にか、話はわたし中心になって、彼女は退屈するだろう。彼女の夫が偶然にも、わたしと同郷の山梨であることも知らないまま、会話は終わってしまっただろう。

人間はだれだって、自分のことが話したい。

口数が少なく、相手の話を黙って聞いている人でも、話すことに自信がないから黙って聞いているだけで、相手が上手に自分の話を聞いてくれれば、徐々に自分のことを話し出す。黙って聞いているより、自分の話をしたほうが楽しいのは、だれにとっても同じである。

以上の点をふまえ、聞き上手になって、相手のことを中心に会話をすすめると、次のようなメリットがある。

- 会話が盛り上がる
- 相手について新しい発見がある
- 相手から好感を持たれる
- 相手とのやりとりの中で、自分のことも話すことができる
- 人間関係が深まる

(4) きっかけになる話題を用意する

聞くといっても、相手が話してくれないことには始まらない。

久しぶりに訪ねた相手が無口な人で、自分からはしゃべらないことを思い出して、さて、どうしたものかと、途方に暮れることがある。

「最近どうですか？」

「何か変わったこと、ありませんか？」

「近頃、仕事は順調ですか？」

苦しまぎれに、こんなとりとめのない質問をするが、相手の答えもとりとめがない。

「まあまあです」

「別にありません」

「相変わらずです」

これでは、聞き上手でも、腕のふるいようがない。

久しぶりに相手を訪ねて、会話をしようとするのであれば、その人に合った、問いかけの話題を用意する必要があろう。

一年に一度の割で、会っておしゃべりをし合う出版社のKさんは、達弁の人である。Kさんは、話題豊富な人で自分でもよくしゃべるが、聞き役に廻って、相手にもしゃべらせようと、気を配る人でもある。

先日、事務所に来てくれて一杯やりながら会話をしたとき、聞き役に廻るきっかけとしてKさんは、こんな問いかけから、話し始めた。

「最近若い人の間で、『お疲れさま』という言葉があいさつ代わりに使われているようですが、話し方研究所の福田さんとしては、どうお考えですか？」

こういう投げかけがあると、会話のきっかけができて、話しやすいものだ。

「お疲れさまは、相手の労をねぎらう意味に使われる言葉ですね。『ご苦労さま』が、上から下へのねぎらいの言葉とすると、下から上へは、『お疲れさまです』がいいだろうというわけで、広く一般にねぎらいの言葉に使われるようになったんでしょうね」

「それはわかるんですが、いまの若い人を見ていると、午前中でも、お疲れさまですと言っているし、その場合、単なるあいさつ言葉として使っている。これはどうなんですかね、正しいんですか？」

「厳密に言えば正しくないでしょうが、夕方でも『お早ようございます』という世界があるのと同じように、『お疲れさん』『お疲れ』が、気軽なあいさつ言葉に転用されつつあるということでしょうね」

アルコールも手伝って、話題は言葉と文化の問題に移り、さらにあちこちに飛び火して、二時間ほどがあっという間にたってしまった。

以上を要約すると、聞きながら会話を活発にするには、きっかけづくりの話題が必要ということである。

(5) あなたはどんな聞き方をしているか

だれもが、〈話ぐらい、ちゃんと聞いている〉と、思っている。安心していて、聞くことに問題を感じている人は少ない。その結果、自分がどんな聞き方をしているか、自分でわかっていないのが現状、といってよい。

そこで、

●自分はどんな聞き方をしているか
●聞き方がいかに大きな影響を相手に与えるか
●どんな聞き方が望ましいか

を、認識してもらうために、話し方のセミナーでは、聞き方を三つの段階に分けて、二人ペアになって、練習してもらっている。

〈ネガティブ・リスニング〉
否定的な聞き方で、相手の話を一切無視して聞くやり方である。
●相手の目を見ない……そっぽを向いたり、目をつぶったりして、無視する
●表情を出さない……感情を表に出さない、いわゆる「無表情」のままで、話を聞く
●まったくものを言わない……いっさい言葉を発しない無言の状態でいる
無視、無表情、無言の聞き手を、二人のうちの一人に演じてもらって、もう一

人が話し手となって、趣味についての話をしてもらう。時間にして、わずか二十秒なのに、話すほうは、腕を組んで目をつむり、いっさい反応しない聞き手を前にして、戸惑っている。明らかに、話しにくそうである。

二十秒たって、話し手に、

「どんな感じでしたか?」

と、質問する。ほとんどの人が、

「手応えがなくて戸惑った」

「何を話してよいのか、わからなくなった」

「留守番電話に話しているみたいで、話しにくかった」

などと、答える。

故意にやっているとわかっていても、話し手は反応してくれない相手をもてあますようだ。

さて、ここが大事なところだが、

「いまはわざと、みなさんにネガティブ・リスニングをやってもらいましたが、日常生活では、無意識のうちに、これをやっているんですよ」

と、話して、気づいてもらう。

まさか、こんなひどい聞き方をしていないだろうと思うのだが、実際にはやっているのである。どんなときかというと、

- 相手を見下しているとき
- 虫の好かない人が話しているとき
- 忙しくて余裕がないとき
- 油断して他のことを考えているとき

などに、ネガティブ・リスニングをやってしまうのだ。こちらは気づかなくても、話し手には大きなショックになる。気の短い人は、

「なんだ、その聞き方は！」

と、怒り出す。

ネガティブ・リスニングは、だれもが反省して、改めなくてはならない聞き方である。

〈ポジティブ・リスニング〉

相手の話を明るく、気持ちよく受けとめて聞く聞き方をいう。肯定的な聞き方と呼んでいる。

●話を聞く最初の一瞬から、相手と目を合わせる

●明るく、感情の込もった表情で聞く。驚いたり、喜んだりする感情が現われると、生き生きとした表情になる

●言葉に出して「あいづち」を打って聞く

これも、二人ペアで、交互に話し手・聞き手になってもらって、実際にやってもらう。

「お国自慢」「近頃楽しかったこと」などについて話してもらうと、ネガティブ・リスニングのときと打って変わって、会話は賑やかになる。時間は十秒増やして、三十秒にする。

感想を聞いてみると、

「時間が短く感じられた」（十秒増やしたにもかかわらず、短いと感じる人が多い）

「打てば響くように聞いてくれるので、話していて楽しい」

「次々に話が浮かんできて、とぎれないで話ができる」

曇り空が急に晴れたような、すがすがしい気分を味わった人が多いようだ。

ネガティブとポジティブとでは、こんなにも違うのかと、実感してもらうことによって、聞くことの大事さがわかってもらえる。なお、ポジティブ・リスニングの際、次の二つの条件を設けている。

●同じあいづちを二度打たない
●話し手の話を横取りしない

同じあいづちを二度打たないというのは、聞き手にとってはつらい条件らしく、ときどき、あいづちの前で、口ごもったりする例も見られる。

〈アクティブ・リスニング〉

積極的な聞き方と言って、相手の話のポイントを確認して聞く聞き方である。カウンセリングでいう「積極的な傾聴法」とは違う。

①相手の話の中のキー・ワードを、相手の言葉で確認する

「都営新宿線の『新宿三丁目』で下車して下さい。そして、Cの7番の出口を出て、右に行くと、靖国通りに出ます」

電話でこの説明を聞いているとき、アクティブ・リスニングで、

「都営新宿線の『新宿三丁目』駅ですね」

「そうです」

「Cの7番の出口を出て、右に行くと、靖国通りがあるんですね」

「ええ、そうです。その靖国通りを右に曲がって、一分ぐらい歩くと、歩道橋がありますから、それを渡って降りたところに、私どもの会社があります」

「靖国通りを右に一分歩いて、歩道橋を渡ったところですね」

というように、肝心な箇所を相手の言葉でフィードバックする。これを聞いて、話し手はちゃんと伝わったと安心し、満足する。

②途中で、思いつきの質問をしない

「靖国通りを右に曲がって」

というところで、

「左に曲がるとどこへ行くんですか?」

と聞く人がいる。話し手は、

「それはあとで説明します。ともかく、右に曲がって下さい」

と、いらいら気味に答える。

③相手の誤りは指摘せず、確認しながら気づかせる

昼休みの職場で、先輩・後輩二人の女性が会話をしている。

「男性って、なぜか坂本竜馬が好きね」

「そうですね。ウチの人も、竜馬ファンです」

「わたしは、坂本竜馬より、勝新太郎のほうが好きだわ」

後輩は、先輩が勝海舟を勝新太郎と言い間違えたことに気づいたが、そのまま、

「勝新太郎が好きなんですか？」

と、訊き返した。

「え？　勝新太郎なんて、わたし言った？」

「そう聞こえました」

「いやだ、もちろん勝海舟よ、ねぇ」

二人は、一緒に笑い出した。確認して聞くのにはこんな効用もある。

積極的な聞き方も、二人ペアになって、話し手・聞き手に交互になってもらい、練習する。会社、また自宅の所在地の説明を一分間でしてもらう。肝心な箇所は声に出して、相手の言葉で確認してもらう。感想を聞くと、

「しっかり聞いてもらったという感じがして、心強い」

◉積極的な聞き方のコツ

① 相手と目を合わせて
② 生き生きした表情で
③ あいづちに変化をつけて
④ 相手の話を中心に
⑤ キーワードを確認して
⑥ 質問は最後に
⑦ 聞いていてわからなくなったら「ちょっといいですか」と、いったん話を遮って、「こういうことですね」と、わかった範囲を確認する

「ただ頷くだけで、確認してもらえないと、ちゃんと伝わったかどうか心配になる」

とのこと。

アクティブ・リスニングの練習では、頷くだけで、キーワードの確認を怠る人が多い。日常の生活で、確認する習慣がないからだろう。

以上、聞き方の三つの方法を通じて、聞き上手の条件をあげると、上の表のようになる。

あなたの聞き方を、チェックしてみよう。

「質問」で会話を盛り上げる

知らないことを知ったり、不明な箇所が明らかになったりするなど、質問によって得るものは大きい。情報の入手にとどまらず、質問することで、会話に活気が出て、楽しさが倍増することもある。さらに、「質問」という形をとって、

●意見を述べる
●反論する
●相手を動かす

こともできる。

「質問」に、相手を動かす力があるなんて、〈信じられない〉と思う人がいるかもしれない。だが、質問によって、問題に気づかせ、相手をその気にさせることは可能なのだ。

　ここでは、会話上手という観点から、質問の仕方について述べてみよう。

　相手が話しているときは、あいづちを打ったり、要点を確認したりして、熱心に聞くのがなによりである。ここで、自分の話を持ち出したり、次々と質問をしたりでは、会話の流れが遮られて、以後の展開がスムーズにいかなくなる。

- 相手が無口で、話がとぎれるとき
- 話題が一箇所に停滞して、先に進まないとき
- こちらから聞きたいことがあるとき

　こんなときは、質問の力を大いに活用して、会話がスムーズに運ぶようにする必要がある。

(1)質問は相手への興味・関心から生まれる

「質問？　それが浮かばないんですよね」

　よく、こんな声を聞く。

　理由の第一は、興味・関心のなさからくる。興味を持てば、自然に質問は浮か

んでくる。〈へえ、それは面白い。でも、こんな場合はどうするんだろう?〉と、疑問がわき、それが質問になる。

だれでも、知りたい、わかりたいという欲求を持っている。ただ、大人になり経験を積み、いろいろなことに慣れてくると、「わかったつもり」になって、わかりたい欲求が薄れてくる。もちろんうすれているだけで、なくなったわけではないから、きっかけがあれば表に現われてくる。

人生は、経験を積めば積むほど、わからないことが多くなって、興味がつきないものである。「世の中、こんなもの」と、わかったつもりになっている人が、若い人の中にも存在するのは残念なことだ。こうした年寄りじみた態度から脱け出して、興味を持ち、問題意識を抱いて、相手の話を聞けば、質問は必ず浮かんでくる。

理由の第二は、話を鵜呑《うの》みにして聞くからである。

聞きながら、自分の頭で考える習慣をつければ、話し手の話を鵜呑みにすることなく、自分なりの見方ができるようになるものだ。話は、ただ聞いているだけ

では、なにもひっかかってこない。よく聞くと、

〈待てよ？〉

〈あれ？〉

〈いいのかな？〉

と、気になる部分が出てきて、

〈違うんじゃないかな〉

と、別の見方が生まれる。

見る場合も、なんとなく見ていると、一部しか目に入ってこないことがある。よく見れば、見落としている点が見えてきたりする。

話し手にしても、こちらの話に感心したり、同意するだけの聞き手では、物足りないものだ。意見・質問をしてくれるほうが、〈そういう考えもあるな〉と、刺激されて、会話が楽しくなる。

第三の理由は、思い込み、先入観である。

その人に「過大評価」という思い込みをしている場合、話を聞けばただ感心す

るのみで、

「まさにおっしゃるとおりです」

と従うだけで、質問など、思いもよらないのである。

反対に、思い込みで「過小評価」をすると、

「あんな人の話は聞くまでもない」

と、話に耳を貸しても、質問する気にならない。

質問は、だれもが程度の差はあれ抱く、思い込み、先入観を、いったん脇において、話を聞こうとする姿勢から生まれる。

(2)相手に話してもらうための質問

会話で、もっとも困るのは「沈黙」である。

相手が口をつぐんで何も言ってくれない。ポツリポツリとしか言葉を出してくれず、話がとぎれる。沈黙に見舞われると、会話に馴れている人でも手こずって、もてあますことが少なくない。

沈黙を避けたいために、聞き役を断念してしゃべってしまうこともある。その結果、大半を自分がしゃべり、後味の悪い思いをする。

口の重い人、しゃべるのが苦手と思っている相手から話を引き出して、会話に参加してもらうには、これまで述べてきた「聞き上手」になるためのノウハウのほかに、質問の仕方を工夫することも大事である。

①「イエス」「ノー」で答えられない質問をする

口数の少ない、三十歳前後の技術者に話しかけてみた。


「朝は早いほう？」

「いいえ」

「じゃ、時間ギリギリに起きるのかな？」

「ええ」

「朝食は食べて出かけるの？」

「いいえ」

「途中のハンバーガーショップかなんかですませるの？」

「そうですね」

これでは、一問一答で、いつまでたっても会話にならない。

上司が部下と面談するときも、「ええ」とか「いいえ」としか答えない相手に、手を焼くことがある。どうすればよいのだろう。

二者択一の答えになるような質問をしないことである。

先のわたしの例は、「朝は早いほう、遅いほう」に始まって、すべて相手がイエスかノーで答える質問のため、話がポツンポツンと切れてしまうのである。


「朝起きると、何をするの？」

「えーと、起きたら、まずテレビをつけます」

「テレビをつけてどんな番組を見るの？」

「ニュースです。ギリギリに起きるので、何か大事件でも起こってないかとか、電車は通常どおり動いているかとかが、気になるんです」

質問の仕方によっては、相手も結構しゃべってくれる。ここまでくれば、

「わたしも仕事の関係で、毎朝行く先が違うので、ニュースを真っ先に見て、その日の状況を頭に入れるね」

「やっぱり」

「やっぱりって、キミと違うところもあるよ。わたしはキミより年とっているから、朝は早い。朝食は家で食べてから出かけるね」

「わたしもそうしたいんですが、まだ独身なんで」

「それで外食が多くなるわけだね」

「これでも、休みの日は自分で食事をつくるんですよ」

「へえ、どんなものをつくるの？」

質問を、「何をするの？」に変えただけで、結果が違ってくる。

「何を？」

「どんな？」

という質問は、答える者にとって、範囲が広い。

上司と部下の面談を例にとって、検討してみよう。まず、打ち解けた雰囲気をつくろうとして、上司が部下に問いかける。

「明日からの三連休はどこへ行くの？」

「別に」

「どこへも行かないのかね」

「特に、予定していません」

「いい若い者が、三日も家でブラブラしているのは、もったいないじゃないか」

「すみません」

「別にあやまることはない」

くつろいだ雰囲気をつくろうと思ったのに、かえって窮屈になってしまった。

このまま、本題に入ると、

「キミ、目標はまだ八〇パーセントしか達成できていない。いったい、どうしたんだ」

「すみません」

「すみませんじゃ、わからないだろう。要するに、どういうことなんだ」

開始早々、相手を責めることになり、雰囲気は険悪なものになる。

上司の最初のひと言、「連休はどこへ行くの？」、この質問に、実は問題がある。

そこで「どこへ」を「どんなふうに」に変えてみよう。

「明日から三連休だね」

「ええ」

「どんなふうに過ごすつもり？」

「予定は何も立てていないんです。家でブラブラしてようかと思っているんですけど、真ん中の一日に、天気がよかったら山にでも登ってみようかと……」

「山って、どの山に？」

「家が伊勢原なんで、近くの大山《おおやま》にでも登ろうかなと」

「キミが山に登るとは知らなかった。実はわたしも山が好きでね。いまでも、年一回は登るんだよ」

「そうですか。わたしも、課長が山が好きだとは知りませんでした」

「わたしの場合、年の始めに、今年はいつ頃、どこの山に登るかという目標を立てるんだ」

こんなふうに会話が運び、本題にも、スムーズに入ることができる。

相手から話を引き出し、もっと話してもらうのが目的の質問は、間口の広い、相手が答えやすいものがよい。

②具体的に質問する

複写機のエンジニアが、次の機械購入のセールスをかねて、担当者に質問をする。

「機械の調子はいかがですか？」

「キミに見てもらえばわかることだが、まあまあじゃないの」

「機械をお使いになっての満足度についてはいかがでしょうか？」

「それもまあまあというところかな」

「そうですか」

　ここで、話がとぎれて、間があいてしまう。

　こんな場合、質問をもっと具体的にしてみるとよい。

「まああというのは、数字にして、どのくらいでしょうか?」

「数字にしてかい?」

「たとえば六〇パーセントとか、七〇パーセントとか」

「いや、もう少し高いね。八〇パーセントぐらいかな」

「すると、残りの二〇パーセントの中身は、たとえば、どんなものがあるでしょうか?」

　この答えの中に、お客のニーズが現われる。

　数字にしたり、「たとえば」と例示をしたりして、質問を具体化するのである。

③ポイントを絞った質問から入る

　十二月の初旬、札幌に行った。二日間の仕事で、金曜日の夜に帰れたのだが、翌日の土曜日が休みだったので、金曜日にもう一泊した。

次の週の月曜日。事務所に顔を出すと、

「札幌、どうでした？」

と質問された。思わず、

「よかったよ」

と、答えてしまった。でも、「よかった」では答えになっていない。

ただし、質問の仕方にも、問題はある。「札幌どうでした？」は、漠然としすぎているからだ。とはいえ、この種の質問はしばしば行なわれ、答えも、「よかったよ」式のぼんやりしたものとなる。

質問は、もっと的を絞ったほうがよい。

「金曜日の晩の札幌はいかがでしたか？」

あるいは、

「土曜日は札幌は雪だったんでしょう。どんなふうだったんですか？」

などと質問すれば、答えるほうも話しやすい。

「金曜日の晩は疲れていたんで、ホテルで夕食をすませて早く寝たよ。土曜日の午前中、路面電車に乗って、ひと巡りしようと思ったんだ」

「でも、土曜日は雪だったんですよね」

「そうなんだ。前の晩は、ほとんど雪らしい雪は降らなかったんだよね。それが翌朝目を覚まして、窓の外を見て、びっくりした。あたり一面、雪景色じゃないか。四十センチは積もっていたね。しかも、屋根の上の厚い雪は風で飛ばされ、その上にさらに雪が降り続いているんだ」

「本場の雪を見て、どんな気分でした？」

　この質問ではじめて、「札幌はどうでした？」の具体的な答えが話せるのだ。ここまでの間に、二、三の絞り込んだ質問があって、話し手はそれらにうまく誘導されて、ここまでくることができたのである。

　今年（二〇一八年）ジャカルタで行なわれたアジア大会で、金メダル六個の、目を見張るような活躍をした女子競泳の池江璃花子選手は、インタビューの答え方も、笑顔でハキハキとした話しぶりで印象に残った。同時に、インタビュアーの質問の仕方もよかった。三〇分と時間を置かずに次の試合にのぞむ彼女に、

「疲れませんか」

と問いかけることで、

「気持ちが折れそうなくらい体はきつかったですけど、金メダルを取る喜びのほうが大きくて、疲れを吹き飛ばすという感じがあります」

という答えを引き出している。

(3)質問と詰問——どこが違うか

話し手から話を引き出して、会話を活発にするのが、質問の役目である。話し手は質問によって促され、刺激されて話し始めるが、聞き手も話し手の答えを楽しみにして、両者が話題を共有する中から、思いがけない展開になったりするのが、会話の面白さである。ところが、ここに「質問と似て非なるもの」が

存在して、こちらは会話の進行を妨害する。名づけて、「詰問《きつもん》」という。

「詰問」は、質問の名を借りて、相手を責めたり、問いつめたりするものである。

①心配からくる問い詰め

母親が心配からだろうが、子供に向かって問いかける。

「どこへ行くの？」

「いつ帰ってくるの？」

「だれに会いに行くの？」

娘にせよ、息子にせよ、答えは、

「うるさいな」

で、そそくさとその場を立ち去る。

わたしも、喘息と痛風という病気があるので、呼吸が苦しくなったり、足が痛むことがある。気がついて、家内が、

「苦しいの？」

「痛むんですか？」

「クスリ、飲んだ？」

と、矢継ぎ早に問いかけてくる。でも、わたしは答えない。口を開けば、

「うるさいな」

「黙っていてくれよ」

「クスリを飲むかどうか、それを考えてるんだ！」

などと、口走ってしまうからだ。実際にそう口走ることがあり、心配してくれる家内に対して、悪いことをしたと後悔する。

人間には、自分のことについて、あれこれ質問されると、反発したくなる心理がある。反発が強まれば、会話は止まってしまう。親子、夫婦でも、うるさく問い詰めるのは、会話によい影響を及ぼさないだろう。やがて相手は口を閉ざすようになる。

②度の過ぎた干渉

やる気十分なのはよいが、同僚・先輩のやることにまで口をはさむ者がいる。

先輩が冗談交じりに言う。

「こう忙しくちゃ、体がもたないよ。オレ、明日休むからな」

すると、後輩が真剣な表情で、

「本当に休むんじゃないでしょうね」

と、口をとがらせる。先輩はあきれた顔をして、ひと言。

「さあ、どうかな」

「いいんですか、仕事がどうなっても」

仕事熱心でも、度の過ぎた干渉をしては嫌われてしまう。

③「どうして」という名の詰問

飲んで遅く帰宅した夫に、妻が、

「どうしてこんなに遅くなったの？」

「だれと、こんな時間まで飲んでたの？」

「いま何時だと思ってるの？」

　と、矢継ぎ早に質問する。夫に心の余裕があれば、

「なんだい、まるで刑事の尋問《じんもん》を受けてるみたいだな」

　と、苦笑しながら返せるが、不機嫌であれば、強く反発してしまう。

「うるさいな。いま、十二時半だよ、それがどうした！」

　夫を怒らせ、口論したいのならこれでもよいが、これでは会話にはならない。

「どうして？」「なぜ？」「だれと？」などの言葉を強い口調で言うと、質問ではなく「尋問」になる。


　次の例はどうか。

「遅かったのね」

「ごめん」

「なにがあったの？　心配しちゃった」

「プロジェクトの打ち上げでね。先輩と一緒に三軒も廻ったものだから」

「そういうときは、メールを入れてね。心配しないですむから」

「うん、わかった」

心配したことを正直に伝え、「なにがあったの？」と質問している。これなら、夫も責められているという感じが少なく、素直に、「ごめん」と、言うことができる。

思いどおりにならない相手に、「どうしたんだ」「なにやってるの」と、問い詰める。でも、会話は遠のいていくばかりである。

詰問は感情が騒ぎ出すと、つい口をついて出てしまうものである。詰問を質問にするには、ひと呼吸おいて、感情をしずめるように心がけるとよい。

第5章

「話し方で9割変わる」具体例

▼仕事・恋愛・人間関係にスグ効く

「話の返し方」で展開がガラリと変わる

何を言われても、

「そうですね」

「なるほど」

と、受けるだけでは、会話は発展しない。

相手のボールをどう返すかで、会話は楽しくもなれば、退屈にもなる。

返し方にひと工夫するポイントを述べよう。

⑴相手の意図を察知する

「趣味は？」

と、聞かれて、

「読書です」

と、答える。これだけでは話は先に進まない。

聞かれたことに答えるだけでなく、相手の質問の意図を考えてみることだ。答えようと焦って、一問一答式のやりとりに陥る人を見かける。何を目的とした質問かに意識を向ければ、返し方にも広がりが生まれる。

会話が苦手、という女性と話したことがある。

「どんなところが苦手なの？」

「たとえば、『趣味は？』なんて聞かれると、どう答えていいかわからなくなるんです」

「どう答えたらいいんでしょうね？」

「ですから、答えに困って、『特にありません』なんて言っちゃうんです」

「自分の趣味といっても、いつもはっきり意識しているとは限らないからね」

「ええ。強いて言えば、読書ぐらいかなと思うんですけど」

特に、趣味といえるものが浮かんでこないと、「趣味は？」に正面から答えるのは大変かもしれない。

ここで、少し頭を切り換えて、相手がなんのために、「趣味は?」と、問いかけてきたか考えてみるとよい。

相手が初対面(このような質問は初対面のケースが多いだろう)の場合、趣味を聞きたいというより、会話を続けるためのきっかけを探しているのだ。質問の趣旨は、〈何か話してほしい〉のであり、趣味は何かと厳密に問うているのではない。もうちょっと気軽に考えて、次の話のつなぎになる材料を提供してみたらどうだろう。

「わたし、埼玉県の加須《かぞ》から文京区まで通っているんです。約一時間半かかります。幸い、電車は座れることが多いんです。電車の中では、毎日、本を読んでいます。いまは、村上春樹さんのエッセイを読んでいるんですけど」

たとえば、このように答える。そうすると、相手も、

「埼玉県の加須って行ったことないんですが、うどんがおいしいんですって?」

「そうですね。うどん屋さんは何軒もあって、おいしいですね」

と、話題は食べ物の話にいくかもしれないし、エッセイや小説の話、通勤の大

変さから、休日のことなど、会話は自由に広がっていくだろう。

事務所に、宅急便のヤマト運輸のセールスドライバーがよくやってくる。三十前後のその彼に、あるとき、声をかけてみた。

「いつも大変だね」

「ありがとうございます」

彼は、笑顔で応じた。そこで、わたしは、

「ところで、ヤマト運輸の会社の誕生日、何月何日だか、知ってる?」

と、質問した。彼は、

「会社の設立日ですよね。えーと」

困った顔をした。たぶん、知らないのだろう。知らなければ、こんな答えが返ってくる。

「すみません、不勉強でわかりません。この次までに、調べておきます」

ところが、彼はわたしの顔を見ながら、

「あ、もしかして」

と、言い出した。

「お客さん、ご存じじゃないですか?」

わたしは嬉しくなって、

「そのとおり。十一月二十九日なんだよ」

「でも、なんでご存じなんですか?」

「以前、ヤマトにいたことがあるんだ」

「そうだったんですか」

「まだ宅急便のない頃にね」

かつて、わたしはヤマト運輸(当時は大和運輸)に勤務したことがあるので、一代目の社長、小倉康臣氏が十一月二十九日に会社を設立したことを知っていたのだ。

知っていて質問したのは、彼がどう出てくるかを試したのだが、彼の答えは見事なものだった。こちらの質問の狙いをつかんでしまったからだ。

(2)視点を少し変えてみる

子供が誤って、空井戸に落ちた。知らせを聞いて、駆けつけた人たちが、井戸の底にいる子供に言った。

「おーい、大丈夫か？」

「うん、大丈夫だよ」

「いま、そっちへ降りて行くからな」

「うん、わかった」

大人は改めて井戸の底を覗《のぞ》いた。

「それにしても、意外に深い井戸だな」

すると、子供の声が返ってきた。

「深いじゃなくて、高いんだよ」

どの位置で見るかで、深かったり、高かったり……。視点が変われば、見方も変わる。

NHKテレビで放映していた『大草原の小さな家』の主人公は、ローラという女の子だが、エドワードという髭《ひげ》を生やした頑丈な男は、ローラの父親のチャールズと大の仲良しである。

エドワードは、かねてから自分の息子に、

「男の子はもっと勇敢でなくてはならない」

と言い聞かせていた。あるとき、見本を見せてやるとばかり、山奥へ入ったのはよいが、熊に襲われて重傷を負ってしまう。

一夜明けて意識をとり戻したエドワードは、見舞いにきたチャールズを見て、照れくさそうに呟いた。

「オレとしたことが熊にやられるなんてな」

これに対して、チャールズの返したひと言がよい。

「なあーに、向こうはもっと重傷だろうよ」

このひと言で、エドワードはホッとし、元気をとり戻した。

「今度会ったらこっちのもんだ。この手で射ちとめてやる」

「ま、そう急ぐこともないさ」

「まだ、起き上がれないしな」

二人の笑い声が病院に響く。

視点を変えたひと言が、会話をはずませている。

(3)内容を具体的に話す習慣を！

話し方講座の参加者で、九州の福岡からきた女性がいた。彼女とのやりとりは次のようであった。

「講師の福田です。こんにちは」

「こんにちは」

「お名前は？」

「吉野です」

「どちらからいらっしゃったんですか？」

「福岡です」

「福岡？　遠いところからですね」

「ええ」

「この教室は何で知ったんですか？」

「会社の上司から言われてきました」

「上司にすすめられて？」

「そうなんです。売上げが伸びないので、なんとか少しでも成績を上げるようにと言われて」

「このセミナーで、ヒントがつかめるといいですね」

このやりとりでは、わたしの質問に対して彼女は、ひと言でしか返してこない。ひと言で返すのでは、一問一答で話が終わってしまう。

次のように返してくれると、会話がしやすくなる。

「こんにちは。講師の福田です」

「こんにちは。吉野と申します。福岡からきました」

「ずいぶん遠くからの参加ですね」

「ええ。上司にすすめられまして。わたしの担当は営業なんですが、このところ売上げが伸びなくて、上司から話し方を勉強してくるようにと言われて、やってきました。なんとか、ヒントが得られるとよいと思います」

「きっとヒントは見つかりますよ」

「わたしは営業で代理店をまわるんですが、そこでお客さんと会話をするのが苦手で……」

「話がとぎれてしまうんでしょう？」

「そうなんです。どうしたらいいでしょう？」

このように返せば、彼女は話し手にまわることができる。話がとぎれるのは、最初のやりとりのように、「ひと言」で答えて終わってしまうからである。

札幌で研修会があって、参加者の一人に声をかけた。

「どちらから？」

「北広島市です」

「北広島市って、どんなところですか？」

「なにもない街ですよ」

この答えも、質問をひと言でやっつける答えで、会話はストップしてしまう。

「最近、市になったところですが、札幌市のベッドタウンです。千歳空港に近いんですが、札幌市へもＪＲで三十分かからないで行けます」

このくらいの答え方はしてほしい。

質問に対してひと言で片づけるのは、日本人全般に見られる傾向だ。

集中豪雨で、東海道新幹線がストップした。大阪で足止めになっていた人が、伊丹空港から、羽田空港行きの最終便に乗ることができて、やっとの思いで、その日のうちに自宅に帰ることができた。

奥さんとのやりとりは次のとおり。

「どうだった？」

「大変だった」

「そうでしょう、大変だったでしょう」

「うん」

「飛行機は混んだの？」

「そうでもなかった」


実は、全日空が臨時便を出したのだが、知らない人もいて、乗客は半分も乗っていなかったそうである。でも、夫は「そうでもなかった」と、ひと言で話を終えている。

どんなふうに大変だったか、「そうでもなかった」とは具体的にはどんな状況か。もっと、詳しく話す習慣をつけるべきだろう。具体的な内容を返していけば、そこから次の話の接穂《つぎほ》が生まれてくるからである。

(4)落ち着いて相手の話をよく聞く

返し方のコツは、つまるところ、「相手の話をよく聞く」という、いたって当たり前なところに帰結する。

何か気の利いたひと言をと焦ると、何も出てこない。苦しまぎれにおかしなことを言って、座をシラケさせるのがオチである。

相手の話をよく聞くという原点を忘れないで実行していれば、これまで述べた、

●意図を察知する
●視点を変える
●内容を具体的に話す

の三点が自然に生きてくる。大リーグ、マリナーズのイチロー選手は、

「奥様の料理の腕前はどうなんですか？」

と、質問されたのに対して、落ち着いて次のように答えた。

「うまいかどうかわかりませんが、わたしの口には合います」

簡潔で的を射た、いい答えである。

プロの選手として、体には気を使っているイチロー選手の「口に合う」料理。さり気ないひと言だが、味のある返し方であると、感心させられた。なんのてらいもなく、自然に出た答えだけに、かえって印象深くもあった。

その背景には、質問に真摯《しんし》に耳を傾けるイチロー選手の態度がある。

自分の気持ちを上手に伝える表現法

相手に合わせるばかりでは会話は深まらないし、面白味がない。各自が思うところを述べるのがよい。

何人かで会話をしているとき、「近頃の若者」が話題にのぼった。すると、二十代後半の技術者が、

「わたしは、近頃の若者とか、ギャルとか、ある対象をひとくくりにした言い方、ものの見方には反対です。一人ひとりの若者はみな違うんですから、それぞれの個性を尊重した見方をすべきだと思います」

と、意見を述べた。これに対して、中年男性が、

「一人ひとりの個性が感じられないのが、いまの若者の特徴じゃないだろうか」

と、別の意見を述べて、会話に参加していた人たちは、〈これは面白くなって

きた〉とばかり、身を乗り出したものである。

一つの意見があれば、

●賛成意見

●反対意見

●第三の意見

と入り混じって、それらが対立し、統合されるなかで、会話は活気を帯びる。

みんなが同意見では、ぬるま湯につかっているようで、居心地がよいと感じる人もいるが、会話は馴れ合いになってしまう。

「意見が同じ者同士がつきあっていると、ボケが早いそうだ」

と言った人もいる。異なる意見は脳細胞を刺激してボケ防止に役立つということか。

——わたしはあなたの意見に反対だ。だが、あなたがそれをいう権利は命をかけて守る――

これは、ヴォルテールの有名な言葉だが、日本では、まだまだこの言葉のように恰好《かっこう》よくはいかないだろう。

「反対意見は大事だと思うが、自分の意見に反対されると、正直いって、面白くない」

こんな中年男性の発言に親しみを感じるのが現実のようだ。したがって、反対意見がありながら、遠慮して、あるいは警戒して、言わずにすませる人がいまだに少なくない。

(1)だれにも意見を述べる権利がある

意見を述べるのは、よくないことと思っている人がいる。

「思ったことは遠慮なく言ってほしい」

年輩者、上位者にこのように言われても、

〈ああは言うけど、実際に発言すればにらまれるに決まっている〉

と思い込んで、自分の意見を言うのを控える人が、いまもって少なくない。

コミュニケーション・セミナーに参加した入社四年目の女性は、よくしゃべり、よく笑い、楽しそうだった。しかし、彼女にも、内心、悩みがあった。彼女はその悩みを、セミナーの最後の日に、次のように話してくれた。

「わたしは、話すことが好きで、学生時代は話すことがとても楽しかったんですね。ところが、学校を卒業して、会社に入り、一年、二年とたつうちに、上の人と話すようになってから、だんだんストレスがたまるようになりました。なぜなのか、あまり深く考えていませんでしたが、学生時代のように、話が楽しくないんです。

このセミナーに参加して、一日目の夜、グループの仲間から、

『あなたって、自分の意見を言わない人ね』

と言われて、ハッとしました。

上の人と話すようになって、自分が思ったことを口にしていない、上の人に合

わせていることに、気づいたんです。上司には、自分の意見を言ったり、反論したりしてはいけないものと、わたしは思い込んでいたんだと思うんです。

そして、わたしはいつの間にか、上司以外の人とも、相手に合わせるだけで、内心、〈私の考えは違う〉と思っても、それを口にしなくなっていたんですね。仲間から言われて、そんな自分に気づかされました。

上の人にも、自分の意見があれば言ってかまわないんだ、だれにでも意見を言う権利があるんだと、このセミナーで教わりましたし、セミナーの仲間も思ったことを率直に発言しているし、これからは、わたしもそうしようと、思いました」

彼女が言うように、人間にはだれにでも、自分の意見を述べる権利がある。先に引用したヴォルテールの言葉にあるように、発言する権利は守られなければならない。にもかかわらず、「言えない」「言わないほうがよい」と、あきらめていたのでは、折角の権利を自ら放棄しているようなものである。

確かに、意見を言うと、イヤな顔をする人がいる。反論にあうと、怒り出す者も珍しくない。だが、問題は意見を言うこと自体にあるのではない。意見の言い方にあるのだ。意見が正しければ言い方など問題ではない、と思うのは間違いである。

人間は理性のみで話を聞いているのではない。人間は感情の動物なのだ。感情が強い反発を起こすと、理性は吹き飛ばされてしまう。その上、日本人は感情のコントロールがうまくできない。

意見を述べるに際しては、人間の「感情」「気持ち」「心」に対する配慮が大切になるのである。

(2)肯定的な表現を心がける

ここに、A・B二つの考えがある。あなたはAの考えであり、Bの考えには反対であるとしよう。

さて、どんな言い方をするか。

①いきなり否定しないこと

Ｂの考えに反対だからといって、いきなり否定の言葉をぶつけられたらどうなるか。

「Ｂの考えは古い。新鮮味がまったく感じられない。興味が持てないね」

これでは、相手の強い反発を買うだろう。いきなり「古い」「新鮮味がない」「興味が持てない」と否定語を並べるのは、相手にケンカを売っているようなもの。売り言葉に買い言葉となって、相手も反発するだろう。

「Ａの考えは現状を踏まえない、単なる思いつきにすぎない。幼稚というしかないね」

会話はディベートではない。ディベートは論争であって、お互いに相手を非難、攻撃して、ＡＢいずれかに決着をつけるのが目的である。会話は、違いを認め合い、「いろいろあるのが楽しい」のであって、目的は人間関係を深めることにある。

相手の考えに合わせる必要はないが、自分の考えの正当性を主張しようとするあまり、相手の考えを否定したり、攻撃したりするのはよくない。

とかく、意見を述べる、反対意見を言うとなると、気負いが出て、

「わたしは反対だ」

「そんなこと、できるわけがない」

「いや、違うよ。そうじゃない」

と、相手の考えを叩く言い方になるのは要注意である。

自分がAの考えをとるとすれば、こんな言い方をしたほうがよい。

「Bのように現状を踏まえた考えも大切だけど、わたしはこの際、新しい発想を打ち出したAの考えに賛成だな」

相手も、

「ぼくもAの考えは面白いと思うが、実現可能性という点でどうかな。うまくいくかな」

と、相手の考えを認めながら、会話を進められる。

妻が夫に、

「あなたの無責任なのにはほんとにあきれる。子供の教育はみんなわたしに押しつけておいて、偉そうなことばかり言って」

などという言い方をしたら、たちまち言い争いになるだろう。

「あなたの仕事熱心なのはわかるの。でも、もっと子供のことにも関心を持ってほしい」

こう言えば、

「持っているつもりだけど」

「それなら、具体的行動に現わしてほしいの」

と、話はどうすればよいかの問題に発展していくに違いない。

②よけいなひと言を慎むこと

言ったほうがよい、これは言うべきだと思ったとき、キチンとものを言うのは大切なことである。ただ、言うべきことを言うのと、つい言いたくなって、よけいなことを言うのとは、同じではない。

たとえば、ある人が中年女性に対して、

「いつもお若いですね」

と、ほめる。すると、横から口をはさむのが、「よけいなひと言」を発する人で、

「気だけはね」

と。仲間と飲みに行き、ついでにカラオケの店に入る。後輩が上手に歌うのを見て、先輩がひと言告げる。

「仕事をやってるときとは大違いだな」

せっかくいい気分で歌った後輩をイヤな気持ちにさせる、「言わなくてもいいひと言」である。

会話の途中で、

「キミはなにも知らないだろうが」

と、言い出す者がいる。言われたほうは、

〈知らなくて悪かったな〉

と、面白くない気分にさせられる。どうせ言うなら、

「キミも知っていると思うが」のほうがよい。これなら、相手も、

「実はよく知らないんだ」

と、素直になれる。

「じゃ、説明しよう」

説明を聞こうという気にさせるのも、話の工夫のひとつなのである。

よけいなひと言を口にする人は、どこかで相手を見下している。すなわち、コミュニケーションの水平感覚が育っていない人である。そうした優越感の裏にはコンプレックスが隠れていたりする。

③相手を認めながら話を進める

否定的な表現の逆が、肯定的表現である。人間は、肯定的に言われると、その人の言うことに素直に耳が傾けられるようになる。

反対意見を述べるにも、

「そんな考え、おかしいよ」

と否定するのではなく、

「確かにそういうことも言えると思う。ただ……」

と、肯定すれば、そのあとに続くこちらの発言に、耳を傾けてもらえる。

わたしが研修先で会った若い女性は、しっかりした考えの持ち主だったが、何か私に相談したいことがありそうだった。そこで、話を聞いてみた。以下が、彼女の話の内容である。

「仕事仲間の一人なんですが、彼と話をすると、いつも議論することになって、後味の悪い思いをするんです。

自分では冷静に、落ち着いて、と思うんですけど、話しているうちにだんだん感情的になってしまい、結局、話がかみ合わずに、もの別れになってしまいます。

よく考えてみると、彼はわたしの意見に対して、

『そんなんでいいのか、だいたいキミは……』

『なんでそんなことが言えるんだ、おかしいじゃないか』

『そんな甘い考えじゃ、だれも納得しない』

などと、突っかかってくるんですが、つい、わたしもそうした言葉にのせられてしまうんです。それがもとで、

『あなたはいつもそういう言い方をするけど、自分の言っていることだって、おかしいことに気づくべきよ』

などと反論して、結局、収拾がつかなくなるんです。

あるとき、ふと、以前一緒に仕事をした先輩を思い出しました。その人は、私が意見を述べると、必ず、

『キミの考えもわかる、確かに一理ある』

と、受け止めてくれるんですね。その上で、

『ただ、キミの考えでいくと、こういう問題が起きるけど、どう思う？』

と、問題に気づかせてくれるわけです。ですから、この先輩の言うことは、素直に聞けるんです。

そこで、先輩のやり方を、いつも議論になる相手に使ってみようと思い立ちました。

『確かに、わたしの考えも甘いかもしれませんね。あなたの考えを聞かせてください』

『あなたの言うこともわかります』

こんなふうに言い方を変えてみました。最初のうちはぎこちなかったんですけど、だんだん馴れてくるにつれ、面白いことに、彼もわたしの話を聞いてくれるようになりました。

残念なことに、異動で、一カ月前に彼は他の部署に移ってしまいました。ところが、送別会の席で、お酒を飲みながら、彼の言ったひと言が気になってしまって。彼は、

『キミにはいろいろと迷惑をかけてしまったね』

『いいえ、わたしだって』

『でも、最近のキミは、ちょっとずるくなった』

『ずるく？』

彼はそのまま別の人のほうに行ってしまいましたが、それ以来『ずるくなった』と言われたことが気になって。

わたしが先輩から学んだやり方は、ずるい方法なんでしょうか？」

彼女が先輩から学んだ方法は、肯定的な表現である。相手を認めながら話を進めていく、コミュニケーションの原則であって、決して、「ずるい」のではない。ただし、「一理ある」とか「あなたの考え方もわかる」と、口先だけで合わせているのでは「ずるい」と言われても仕方がない。本心でそう思って言うことだ。

わたしは彼女にそう説明してから、

「あなたが彼からずるくなったと言われたとき、

『賢くなったと言ってください』

と、言い返しておけばよかったんですよ」

「あ、そうですね。そういう言い方がありますね」

初めて、彼女は笑顔を見せた。

④マジック・フレーズの使い方

すでに述べたが、上司、先輩といった人たちの中には、部下、後輩などから、反対意見を述べられると、抵抗を覚える者がいる。

〈生意気な奴だ〉

と、快く思わない人もいる。こうした抵抗を和らげるのに使われるのが、「マジック・フレーズ」である。

このマジック・フレーズ、実は手広く仕事をこなし、部下からも人気のある、管理者、経営者の中に、上手に使いこなして、人々の心をつかんでいる人が少なくない。

彼らがよく使うマジック・フレーズは、

「ありがとう」

「助かるよ、キミのおかげだ」

「申し訳ない」

「よくやった」

「大丈夫、キミならできる」

「この件はキミのほうが詳しいだろうが」

など、「感謝」「詫び」「激励」「譲歩」といった種類の言葉で、なんの変哲もない、ごくありふれたものだが、明るく、タイミングよく発すると、不思議な力を発揮する。

言われたほうは気持ちがよくなり、言ってくれた人に、親しみと好意を抱く。

ところで、部下が上司に対して、意見を述べ、反論する場合も、マジック・フレーズは多いに役立ってくれる。

「すみません」

「よろしいですか」

「間違っているかもしれませんが」

「こんなことを言うと、怒られそうですが」

「生意気を言うようですが」

最初から、

「わたしは反対です」

と言うのではなく、右にあげたような詫びの言葉、一歩引いた言葉をマジック・フレーズとして用いることで、相手の抵抗を和らげるのだ。中には、

「ちょっと違う意見かもしれませんが、よろしいですか」

と、前置きして、相手の反応を見ながら、自分の意見を持ち出す人もいる。

なお、これらの言葉を発するときは、明るく言うこと。表情や言い方が暗いと、不満の表明（それも慇懃《いんぎん》無礼な）と映るから、注意したほうがよい。

マジック・フレーズを使う目的は、自分の意見を聞いてもらい、会話をスムーズに進行させるところにある。相手におもねるためではない。

か。

(3)会話におけるウソとホント

「嘘」を奨励するつもりはないが、人間の社会から「嘘」を追放したらどうなるか。

だれもが、心に思ったこと、浮かんだことを正直に話すのがよいとばかり、思ったまま、感じたままを話したら、いたるところで言い争いが生じ、会話は成立しなくなる。

早い話、上司の姿を見て、

〈どうしてあんな不機嫌な顔をしているんだろう。それでも上司か〉

と、内心で思ったとき、それをそのまま口にしたらどうなるか。結果はだれにでもわかるだろう。

頭に浮かんだままを口にして、相手を不快にさせたり、ショックを与えるのは慎まなければならない。反面、「自分の気持ちを素直に表現すること」も、コミュニケーションを円滑にする上で大切である。

この二つに、どのように折り合いをつけたらよいか。

①自分の感情を吟味する

〈それでも上司か〉

と、不機嫌な上司を非難する前に、上司の不機嫌な姿を見て、ほかにも何か感じなかったか、振り返ってみる。すると、

〈なぜあんなに不機嫌なんだろう?〉

と、理由がわからず、戸惑ったことが思い出される。リストラが当然の時代、上司にしてもあれこれ気がかりなことが多いだろう。

〈課長も大変だな〉

との思いが浮かんでくれば、その気持ちを素直に表現できる。

「課長、どうかしましたか?」

「えっ、なんで?」

「恐い顔をされているので……」

「いや、ちょっと考え事をしていたんだ」

以前勤めていた職場に一年ぶりに顔を出すと、一緒に仕事をしていた女性の姿が見えた。

〈彼女もまだここで働いていたのか〉

そう思った瞬間、思わず言葉にしていた。

「なんだキミ、まだいたの？」

懐かしそうに笑顔を見せた彼女の顔がたちまちこわばった。思ったままを口にするといっても、自分の思ったことへの吟味が不十分だったと言えないか。

彼女の姿を見かけたとき、〈まだいたのか〉という思いと同時に、〈久しぶりだな。懐かしいな〉という気持ちもあった。その気持ちを素直に言葉に出してみる。

「懐かしいね。キミがいてくれて、ホッとしたよ」

これなら、自分の気持ちを正直に伝えられるとともに、相手の女性にもプラスに働く。

②表現の工夫をする

思ったまま、感じたままを話すにしても、会話には相手がいる。相手を視野に入れて、

●ことばの選び方
●言いまわしの工夫

をする必要がある。

表現の工夫は、相手に快く受けとられるかどうかに焦点を定めて行なわれる。

わたしは字が下手で、いつも気にしている。そのことを口にすると、ある人は、

「福田さんの字は温かみがあっていいですよ」

と、言ってくれる。また、ある一人は、

「字は読めればいいのであって、上手・下手は問題ではない」

と言うのだが、彼が字のうまい人だったりすると、わたしは傷ついてしまう。

表現の工夫という点で、後者より前者に一日の長があるということか。とはいえ、わたしの字が温かいかどうか、本当はわからない。ここに、表現の工夫に、「嘘」

が入る余地が生まれる。

中国の文豪、魯迅《ろじん》の書いたものの中に、こんな話がある。

教師が弟子に言った。

「ある家に男の子が生まれて、家中大喜びだった。ひと月たって誕生の祝いの席に抱いて出て客に見せた……、むろん縁起を祝ってもらいにな。

一人は『この子はきっと金持ちになりますよ』と言ったのでたいへん感謝された。

一人は『この子はきっと役人になりますよ』と言ったのでお返しに自分もお世辞を言われた。

一人は『この子はきっと死にますよ』と言ったので全員から袋叩きにされた。

死にますは必然だが、富貴になれるとは嘘かもしれない。だが嘘はよく報われ、必然は殴られる」

「わたしは嘘も言いたくないし、殴られたくもありません。先生、では、なんと言えば？」

「それならこう言わねばならん。

『まあまあ！　この子はまあ！　ほら、なんてまあ……いや、どうも！　ハッハッハ！』」

本当のことを言うか、嘘をつくか、その中間でごまかすか。表現の適切さをめぐって、考えさせられる話である。

③真実を語りながらも相手を怒らせない

嘘（本当でないこと）がいけないのなら、本当のことを言えばよいはずだが、前述のように、現実はそれほど簡単ではない。

話し方研究所の事務所でのこと。一年前に、話し方講座のスピーチコースを受講したOさんから電話があって、もう一度話し方を勉強したいから、講座の申し込みをしたいとのことだった。

脇でその電話を聞いていた事務の女性Iさんが、目を輝かせて、

「わたし、Oさんなら知っている。昨年、一緒に勉強した仲間だから」

と言った。それならと、電話に出た女性が気を利かせて、

「ちょっと電話を代わります」

と、Oさんを知っているIさんにバトンタッチした。Iさんは元気のいい声で自己紹介した。

「Oさん、昨年一緒に勉強したIです。覚えていらっしゃいますか?」

だが、Oさんの答えは、

「いや、全然覚えていません」

というものだった。ガックリきた彼女は、電話を切ったあと、

「ショック」

と、嘆いたものだった。

Oさんは正直な人で、覚えていないからそう答えたまで、といえるかもしれな

いが、問題は表現の工夫である。

覚えていないのに、

「覚えてますよ。よく覚えてます」

と言えば、明らかな嘘になる。一瞬、Iさんが、

「えっ、ほんとですか。嬉しい」

と喜んだとしても、その後のやりとりがあやふやでは、嘘であることがばれてしまう。結局、「いい加減な人」と、信用を失う。

明らかな嘘はいけないにせよ、Iさんの気持ちを考えれば、

「全然覚えていません」

は、配慮の足りない言い方だ。ここは、

「うーん、電話の声だけなんで、はっきりは思い出せないんだけど、教室で一緒だったんですよね」

と、思い出そうとしている姿を伝え、Iさんの望みをつなぐ。これくらいの表

現の工夫はやはり必要になる。本当のことを言うにしても、突き放すような、放り出すような言い方では、身もフタもない。

表現の適切さは、本当のことをストレートに言うのでなく、相手の気持ちに焦点を当てて工夫することによって、得られる。

詩人、萩原朔太郎に、次の言葉がある。

――社交の秘訣は、真実を語らないということではない。真実を語ることによってさえも相手を怒らせないようにすることの技術である――

「社交」を「会話」と置き換えても当てはまる言葉である。

④言わない嘘

事実を伏せる、言わないのは、言わない部分に関して、嘘をついたことになる。とはいえ、言わない嘘が相手への配慮から発しているとなると、けしからんと攻撃ばかりもしていられない。

ケガをした人に声をかけようとするとき、事実をそのまま伝えたりするだろうか。

「ケガは軽いぞ、頑張れ！」

多くの人はこう言うに違いない。

「ぼくは嘘がつけなくて」

という人が、正直で立派な人ばかりとは限らない。融通の利かない、会話の下手な人物であるかもしれないのだ。

第五代アメリカ大統領のモンローはこう言っている。

――取るに足りないお世辞でも、気分が沈んでいるときは、なぐさめになる――

飲みに行った店のママに、

「男の人って大変ね」

「あなたみたいな人が会社を支えているのよね」

と、おだてられて、目くじらを立てる人はいないだろう。お世辞、おだてのたぐいにのっていい気分になる。それも、会話を楽しむコツの一つと、言えるのではないか。

「ユーモア会話」のすすめ

会話はいい気分を味わえるのがなによりである。作家の田辺聖子さんも言っている。

――人間のコトバがあるのは、お互いにいい気分を分かち合うためである――

酒席が楽しいのは、アルコールと会話によっていい気分が楽しめるからである。

これまで、「会話」について、「初対面の人との会話」「身近な人との会話」「聞き上手になること」「会話表現の工夫」と、順を追って述べてきた。最後に、会話を楽しむのに欠かせない「笑い」「ユーモア」について、ふれておこう。

(1)ひと呼吸おいて自分を見つめる

笑う行為と、ユーモアとは厳密にいえば同じではない。笑いがなくても、ユーモアは存在する。ただ、笑うことで、心に余裕が生まれる。余裕はユーモアの発生源ともいえるから、ここでは、笑いとユーモアを、特に区別しないことにする。

腹が立つ、イライラするなどの感情に襲われると、心に余裕が持てなくなる。

自分に都合の悪いことを言われたり、思いどおりに相手が反応しないと、腹を立てる人は少なくないだろう。

保育園の保育士が、午後から休暇をもらいたいと、園長に申し出た。

「突然言われても困る」

と、断わられ、カッとなった彼女は包丁を持ち出して、園長に投げつけた。幸い包丁はそれて、園長にケガはなかった。

怒りの感情は恐ろしい。カッとなると、ユーモアとはほど遠い世界にいってしまう。

大事なことは、第一に日頃から感情をため込まず、自分の感情を吟味して、どう表現するか考えた上で、素直に表現する態度を養うこと。我慢していると、内心でマグマが活動しているから、突然爆発する恐れがある。

第二に、カッとなったまさにその瞬間、ひと呼吸おくことである。ひと呼吸とは、自分をとり戻す間合いをいう。

カッとなって、自分を見失いかけているとき、自分をとり戻すのには、各自、自分に合った工夫がいる。

「キミは何もわかってないんだな」

上司に、こう言われてカッとなった部下は、さっと立ち上がって、ひと息入れた。不思議に気持ちが鎮《しず》まり、にっこりして答えた。

「ですから、どんどん教えてください」

このひと言で、上司は部下を見直したという。彼にとっては、立ち上がって息を吸い込む動作が自分をとり戻す間合いになっている。

相手から否定的な言葉をあびせられたとき、ひと呼吸おけるかどうかを、あなたのユーモアセンスを測る物差しにしたらどうだろう。

(2)角度を変えてものを見る

電車の中で、前方の席があいたので、座ろうとして、急いで近づく。だが、タッチの差で、別の人に先に座られてしまう。

そんな経験はだれでも一度ぐらいしているだろう。わたしにも、覚えがある。そのとき、わたしは周囲の目が気になって、くるっと背を向けて、〈自分はそんな席に座ろうとしたのではない〉というふりをした。さらに、その場にいるのが苦痛で、別の車両に移ろうかと思ったほどである。

わたしに注がれた周囲の目は、〈おい、見ろよ。あの男、座りそこなって。なんてモタモタした奴だ〉とでも言っているように感じられた。

いま考えてみると、まわりの人たちはわたしのことなど、別に気にも止めていなかったのではなかろうか。勝手に自分で想像したにすぎないのだ。にもかかわらず、「周囲の目」を意識して、身動きできなくなってしまう。あのとき、ユーモラスな心の持ち主だったら、どう振る舞っただろうか。

左は歴史に残る名優、チャップリンの言葉である。

――悲劇とはクローズアップされた人生である――

たかだか座る席の先を越されたぐらいでも、クローズアップすると、悲劇となり、暗くなる。それでは、喜劇とはなにか。チャップリンに言わせると、こうなる。

――喜劇とは距離を置いて人生を見ることだ――

距離を置けば、別の角度が目に入る。そこに、笑い・ユーモアが生まれる。電車の中でも、距離を置いてみれば、気がラクになって別の出方ができるかもしれない。

先に座った人の前に立って、目が合ったら笑顔を向けて、こう言葉をかける。

「素早い方ですね。スポーツかなんかおやりですか？」

とかく、人生をクローズアップしがちな人に必要なのは、距離を置く習慣である。角度を変えて、ものを見る態度である。

ここで、ジョークを二つ、紹介しよう。

子供が一枚の写真をさして、

「ねえ、パパ。このママとパパの写真はいつの写真なの？」

「パパとママの新婚旅行のときの写真さ」

「どうしてぼくは写っていないの？」

しばらく考えて、パパは答えた。

「おまえもその中にいるんだよ。行きはパパと一緒で、帰りはママと一緒にね」

テキサスの人がイギリス人に、自分の土地の自慢話をくどくどしていた。

「おい、知ってるか、おめえ。おれの土地は、ここから見えるところが全部そうよ。だからおめえ、おれの土地をドライブするには、一日たっぷりかかるぜ」

イギリス人は面倒臭そうに言った。

「おれも昔は、そういう遅いクルマに乗ったもんだよ」

(3)めげないでダジャレを飛ばす

これまで述べたことは、日常の態度として定着させるのに、時間がかかる。

会話の中で笑いをとる手っ取り早い方法は、駄洒落やジョークを数多く飛ばすことだ。

とはいえ、いまの若い人は、マスメディアを通じて、芸能タレントのひねりの効いたトーク、ジョークを聞き馴れていて、耳が肥《こ》えている。ジョークを言うにしても、ありふれた話ではうけない。駄洒落となると、「さむい」などと、シラケられてしまう。

でも、めげないことだ。言い続けているうちに、ヒットを飛ばせるようになる。

以下に、サンプルをいくつか紹介しよう。まず、駄洒落から。

「あるとき、通りかかった粋なお姐《ねえ》さんに、わたしが声をかけたんだよ」

「なんて?」

「お姐さん、粋だねって。そしたら、なに言ってるのよ、わたし、帰りよ」

飲みながらタイミングよくやれば笑いが起こるが、たいていはちょっとシラケる。

「わたし、英語ができないでしょ。サンフランシスコの空港で、ロサンゼルス行きの切符を買ったときの話なんだけどね」

と、前置きして、

「ツーロス、って言ったら切符が二枚。あわててフォーロスで今度は四枚。困って、エートと言ったら、八枚きちゃった」

繰り返しの面白さで、若い人も笑う。

お日様、お月様、それに雷様の三人がそろって旅に出た。宿では一つ部屋に寝たものの、雷様がゴロゴロとやかましく、お日様とお月様は少しも眠れない。仕方なく、二人は朝早く、宿を立ってしまった。やがて目をさました雷様が、宿の主人に、尋ねた。

「あの二人はどうしたかな？」

「今朝早くお立ちになりました」

「はてさて、月日のたつのは早いものだ」

「雷様もお立ちになりますか？」

「いや、わたしは夕立ちにしよう」

くつろいだ場で話すと、ほのぼのとした雰囲気になる。

次はジョーク。

「今朝遅刻したのはどういうわけだね？」

と、上司は若い部下に尋ねた。

「寝すごしました」

部下がそう答えると、上司が言った。

「なんだ、キミは家でも寝ているのかね」

きつめのジョークだが、テキパキと話せば笑いが起こる。

「なんで遅刻したんだ」

「はい、今朝サッカーの試合を見ている夢を見まして……」

「それがどうしたというのだ」

「はい、運悪く延長戦に入りまして……、最後まで見ていました」

どっとこなくても、にやにやしたくなる話。

駄洒落もジョークも、普段から口にして、言い馴れておくことだ。そして、相手がジョークを言ったとき、一緒に笑うこと。少しつまらなくても一緒に笑えば、相手もあなたの話に笑いを送ってくれる。

本書の最後は歌人、俵万智さんの言葉で結ぼう。

——会話は空気のようなもの。なくなってはじめて存在に気づく——

空気なしでは生きていけないように、人間は会話なしでは生きていけないのである。

コスミック・知恵の実文庫

人《ひと》は「話《はな》し方《かた》」で9割《わり》変《か》わる

【著 者】
福田《ふくだ》 健《たけし》

【発行者】
相澤 晃

【発 行】
株式会社コスミック出版
〒154-0002 東京都世田谷区下馬 6-15-4
代表 TEL.03(5432)7081
営業 TEL.03(5432)7084
FAX.03(5432)7088
編集 TEL.03(3418)4620
FAX.03(3421)7170

【ホームページ】
http://www.cosmicpub.com/

【振替口座】
00110-8-611382

【印刷/製本】
中央精版印刷株式会社